부서질 그를 위해 내가 더디 늙었고

부서질 그를 위해 내가 더디 늙었고

안정옥 시집

청색종이

시인의 말

두 무릎까지 꿇는 데 수십 년

겨우 도착한 곳이 여기인가

넘어야 할 산이 아직도 가파르다

그러니 여기를 지옥쯤으로

그 지옥조차 내겐 깊은 위로였다고

말하는 건 나인가 다른 사람인가

안정옥

차례

부서질 그를 위해 내가 더디 늙었고
안정옥 시집

05 시인의 말

I

13 더딘 밤의 노래
15 천천히 가라, 천천히 가라
18 수국과도 같은 연계였어
20 삼나무반지
22 엉킴, 엉킴, 엉킴
24 1,001번째의 코끼리
26 다릅나무 아래에서
28 시인들, 시인들

II

33 그 길에서는 부석사 가는 길을 묻지 않는다
35 푸른 갈대무늬의 옷
38 완강한 사랑
40 지상낙원인 〈식도락의 마을〉
42 이별의 몸가짐

44 담벼락에 얹히거나 넘어간 오너스 발작
46 지나간 사랑은 모두가 허상이었다
49 물의 가족
51 그는 나의 수심(愁心), 짐짓 수심(水心)

Ⅲ

55 혼자의 사랑
57 식물성 사랑
60 회상
62 ㅊ, ㅊ, ㅊ, 첫, 첫, 처음이라는 말들을
64 기타는 총, 노래는 총알
66 사랑이 명품이라고
68 그의 책 속에 아직 남아 있는 사랑
70 봄의 정취에 겨워 서로 노래로 답함
72 그렇게 봄날은 갔다

Ⅳ

77 삼십육계비본병법(三十六計祕本兵法)
79 말똥가리처럼
81 마트료시카를 떠올리게 하는 여자
83 천 가지 말을 숨길 수 있는 입속이여
85 예전에 나비라는 이름의 여전사가 있었다
87 죽음이 무얼까요
89 입술이 아직 마르지 않고

91　나와 멀지만 가까운 나

V

95　끊임없이 따돌림받는 것
98　내 사랑, 돌아오라 소렌토로
100　바이러스 입맞춤
102　맨발이라는 이름의 사랑
104　재잘거림으로 가는 길에서
106　아직도 그 집 앞에는 사랑이
109　올렌카식 사랑법
112　내가 사랑한 부자
114　사랑하는 아버지, 그 쓸쓸함

해설

119　사랑의 음률 | 우찬제(문학평론가)

I

더딘 밤의 노래

 무엇에도 충족하지 못한 흰 것에는 항상 검은 눈물이 숨어 있음을, 다정 뒤에는 냉랭함이 숨겨져 있음을 모르던 날이 있었다 사랑이 칼끝처럼 예리하게 꽂히면, 뺄 수 없다는 걸 몰랐다 식별할 수 없는 암흑도 지니게 되었다 불멸을 원하던 이집트 왕처럼 살아남는다 그걸 알았을 때 검은 안개처럼 몸을 감싼다

 시간은 철길처럼 앞으로만 길게 뻗어 있을 뿐, 변하지는 않는다 낯선, 연극 무대에서 내 삶을 닮은 여배우가 울부짖어도 끄떡조차 않는, 사랑의 모서리다

 사랑이면 그뿐이라는 이름은 세상 어디에도 없다 때로는 검은 화장의 눈물, 꿀꺽 목젖을 타고 넘어가도 아무렇지 않게, 두 눈의 깊은 웅덩이 속에서 장대비로 거꾸로 쏟아져도 꿀꺽

 알았을까 가을 오면 붉은 단풍으로 온몸이 물드는 이 연출을, 수천 번 몸을 뒤척이는 동안, 엄청난 비를 퍼부

으며 그들 모르게 골짜기를 향해 마음은 회오리쳤다 비였고, 그 습기들로 세상은 뿌옇기만 했다

 밤을 새워 내일이 멍들어 보인다고 탄식을 한 뒤에야 알게 되었다 쫓아온 시간들은 길 한가운데 막아서는 물 없는 연못이다 그가 생각하는 것보다 더 많은 의구심이 내 몸에 직립해 있다 당신은 잊기 위해 잠든다지만, 나는 잠들기 위해 잊는다 이미 사랑은 움직일 수 없고

 절실하게 누구를 기다리는지, 무엇이라고 말하기도 전에 부서질 그를 위해 내가 더디 늙었고, 더딘 밤으로 비로소 완성되는 보석처럼 왔음을 알고는 있을는지

천천히 가라, 천천히 가라

 아직 사랑이라고조차 부를 수 없는 아주 미세한 터럭 같은 것이 묻어 다닐 때가 있다 말하는 입 주위에 묻어서 그 입속으로 들어가는 씹히다 만 고깃덩어리를 볼 때나, 혹은 술이 하찮게 여겨지는 날 있듯, 아직 오지 않은 미래의 깃에 붙어 어떤 징후가 되려 하는 예감을 감지할 때가 있다 느긋하게 그것을 즐기려는 마음이 마귀처럼 붙는다 상대편에게 조금 천천히, 조금 천천히 무언의 신호를 보낼 때가 있다

 시간을 다오, 소진할 시간을 다오, 아직 어린아이로 남아 있어 받아야 할 사랑도 마저 받아 내고 싶다 받아 내지 못하면 무력감이 깊어진다 병든 사랑이 나를 범해 재앙으로까지 갔으므로, 그 시절이 나를 놓아 주지 않는다 엄마, 애정결핍의 덤불이 엉망으로 들어찼어요 내가 하는 사랑은 미숙해서 틀어져요 그를 멀리 가게 하여 나를 탓하는 통로로 만들 뿐, 몸의 깃털들이 일시에 기립하며 어떤 징후의 구름들이 몰려들어도 대처하지 못하고, 나를 굳게 접어야 하지요

서서히 굳어 가는 내 몸은, 내 몸이 갈라져 낙후되는 사랑은 비의 껍질 소리와 유사하다, 소리는 가늘게, 가늘게 내려 어디에서 만나듯 너무 많은 것을 채우려 하는 간절함이다 아직 이루어지지 않았지만 만나리란 예감이 부풀어 가는, 언젠가 한 번 부딪힌, 그 눈빛이 날마다 잎을 넓혀 가고 줄기는 지붕을 타고 올라가 허공에서 부르르 떤다, 천천히 가라

천천히 가라 끊임없이, 사랑이라고 이름 붙인 것들은, 사랑의 끝은 돌아서 서로의 집으로 가, 각자의 이불을 덮고 몇 컵의 물을 벌컥거리며 그 물이 진액이 될 때까지 눈물을 다 토해 내고 내장에 붙어 있는 감정마저 뱉어 내고도 모자랄, 그걸 알면서도 다시 사랑이 이루어질 것 같은 예감으로 몸을 떤다 지나간 사랑이 너무나 모진 부정을 심었음에도…

기억한다 사랑은 살아 있는 동안 비켜 가지 못할 문제

풀이, 한때 세상은 균형을 잃은, 너무 많은 몽상을 하여 주체할 수 없이 무거워졌다 그땐 몰랐지만 남모르게 떠올랐던 많은 질문, 많은 혼동들

  누구나 과거는 짐짓 은유법으로 말한다 몽상이나 하던 내가 누군가에게로 옮겨 가던 순간부터 내 몸은 때없이 퍼붓는 빗줄기, 생을 시험하는 것처럼 내리던 빗줄기다 알았을까, 많은 비를 다 맞고 단단해졌다고 자위하는 순간, 소중하게 다뤄야 할 어린 시절이 빨리 건너뛰었음을, 사실은 한 번도 어른이 된 적이 없었다는 걸

수국과도 같은 연계였어

 내가 젊었을 때도 그의 이름을 들었고 그 이후에도 때때로 그의 이름을 들어 오기는 했다 나중에는 어찌어찌 점심을 먹거나 차를 마시거나 함께, 몇 계절을 건너뛰거나 이어져 그저 그런 자리, 딱히 거절할 명분이 없어 그저 자리에 앉아 있었던 그렇게 내키는 자리는 아니었다 어떤 일이나 사람과 관련하여 그렇게 서로 연결되어 얽혀 있는 그저 그런 연계였을

 여름이 미덥게 더워만 질 때, 무료히 강물이나 바라보며 밥을 먹는 날도 있었다 일행도 없이 혼자 나온 그를 바라본다 지금은 수국이 한창이다 한때 나는 산수국의 꽃에 끌렸던 적 있다 마음을 어찌 저리도 교묘히 숨길 수가 있는가 꽃처럼 저렇게 유인하는 전술은 자신의 무슨 허물을 덮으려 함인가 무얼, 향기도 없이 열매도 없는 무성화들의 연계는

 그가 밥을 먹으면서 밥알이 튀고 말하며 웃고 있어도 볼살이 조금 경련을 일으키는 걸, 나는 즐겁게 바라본다

그의 맞은편에서 말이 더디고 문맥이 안 맞는 걸 놓치지 않고 집요하게, 그러나 수국의 가짜 꽃처럼 활짝 핀 채 다정함으로 유인해 가며

　그의 그런 감정들을 내가 책임질 일이 아니다 그건 손톱만큼의 내 감정이 포함된 것이 아니다 예전의 나인 적도 있는, 그 어떤 날의 나의 견책에 대한 복수심이다 그때 그는 속으로 그랬을 것이다 당신이 떨고 있는 그 감정은 나와는 전혀 상관없는 일, 한 치의 가련함도 없이 즐기듯이 나를 바라보았을 것이다

　내 감정이 누군가에게 받아들여지지 않을 때, 그건 어떻게 해볼 수조차 없는, 어떻게 손쓸 수 없는 치욕이지 그럼에도 마음이 가닿는 걸 어찌하랴 마치 수술과 암술이 모두 퇴화한 수국처럼 나의 가짜 마음을 더 넓게 밤하늘의 은하수처럼 은은하게 펼쳐 놓는 것이다

삼나무반지

 죽은 나의 BC 4,800년 전의 일이지요 당신이 삼나무반지를 구하러 몇 겹의 숲으로 떠날 때 잠깐 불러 세웠지요 심장과 연결된 나의 네 번째 손가락을 칡 줄기로 둘렀지만, 삼나무반지가 그렇게 빨리 상한다는 걸 알았다면

 부엉이 울음소리를 들으며 내 마음 다스리지요 그건 사람이나 사물을 함축한 것, 간결하고 더하는 것 없이 보이는 그대로지요 당신을 가리키는 글자에는 동그라미로 표시해요 불멸의, 그건 왕이나 태양을 뜻하는, 입을 덮는다는 뜻은 조용히 당신을 기다리겠다는 말

 그게 내가 가진 글귀, 사랑과 부엉이를 같이 쓰긴 해요 모두는 부엉이 울음 위에서 속삭이고 내 마음을 함께 섞어 쓰던 날들을 기억하지요

 그건 죽은 나의 이전의 삶, 내가 간직한 불멸이라는 말도 아직 상형문자로 남아 있겠지요 그저 오랫동안 기

다리는 것이 그때의 삶이듯, 지금도 누구나 무작정 떠나지요 헤매는 과정은 언제나 흡사해요 우연히 듣게 되는 부엉이 울음소리, 쉽게 눈에 띄지 않는 당신을 닮아 있네요

  내게 무언가 기억해야 할 일들이 있다는 걸 감지하기는 해요 잡힐 듯 잡히지 않는 희미하지만 나를 둘러싼 막(膜) 같은 게 있기는 해요 그런데 왜 이리 오랫동안 쓸쓸했는지, 자주 생각에 잠기었는지

  불현듯 나의 네 번째 손가락, 아니 나의 손가락 모두를 너무 오랫동안 비워두긴 했네요

엉킴, 엉킴, 엉킴

 사랑을 말하면서 지금은 없는 것, 그럼에도 불구하고 지금 존재하는 것처럼 말하고 있는 까닭은 무엇인가 없는 사랑도 있었던 사랑도 불쑥불쑥, 고개 디밀어 마치 실타래처럼 슬슬 풀려 나온다 아련한 생각만 쉬지 않고 이어진다 마치 생의 좋은 때는 그때뿐인 것처럼 구름 속에 뭉쳐 있는, 한 번 더 속아 주는, 영원히 현재가 될 수 없는, 지금 말하는 사랑은 아주 오래전, 어쩌면 생겨나기 전일지도 모르는, 이 맹목을 비웃자

 엉망으로 뒤엉켜 있는 실타래는 이 생에서 풀어 내야 할 몫들이고, 치러야 할 대가가 아닐까 돌이킬 수 없다고 깨달았을 때 저만큼 흘러가고 있음을 본다 앞질러 가려 얼마나 버둥거렸던가

 나무에 한 번 꽂힌 화살이 다시 나를 향해 날아올 것이라는, 사랑이 실타래처럼 슬슬 풀릴 것이라고, 산술처럼 복잡하지 않은 것이라 생각했던 적도 있다 숨까지 내어 놓아야 할 힘든 그 일이 그저 살짝 비껴가기를, 두 손 벌

리며 실 풀림을 그렸던 어린 날처럼 가슴 조일 때도 있다

 지혜롭게 마지막 실 끝을 실패에 감아 넣던 조심성, 기다림, 우리에겐 몇 번의 사랑이 주어질까 사랑의 엉킴은 뒤엉켜 풀 수 없는 거미의 꽁무니다 살아 있는 동안 거미줄을 치고 누군가를 잡아먹어야 하는 이 식욕, 모든 일이 쉽게 잘 풀리면 접신하는 무당처럼 불안해지는 이 마음, 삶은 늘 불안하다

 누구도 모른다, 다시 더 심한 엉킴에 빠지게 됨을 전혀 다른, 낯선 이빨에 물린 자신을 보고 있음을 버둥거리고, 드물게는 떠났음에도 함께 밥을 먹으며 흔적처럼 함께 부스럭대면서 함께 죽는 이름이 되기도 한다

 그가 없어도 있다고 믿는, 그걸 믿지 않음에도 당당하게 나서는 저 딱따구리의 주둥이 같은, 견고하여 무엇이든 구멍을 내어 집어넣을 수 있는, 세상에서 풀길 없는 사랑이라는 저 엉킴, 엉킴, 엉킴

1,001번째의 코끼리

코끼리와 잡초에 대한 문장을 천 번이나 다듬었다면, 어떤 일이 벌어질까요 코끼리가 내게 걸어올까요 말[言]을 함께 쓰는 관계가 된다면, 길가의 잡초와도 쭈그려 앉아 마음을 받을 수 있을까요? 그렇다면 둘 중 하나의 마음은 내 것이겠지요 코끼리는 할 일이 많고 외로운 덩치, 잡초도 어딘가에 늘 부대끼는, 내게도 벅찰 정도로 힘든 일이 많아요 그걸 분담할까요? 개미처럼

개미처럼 슬퍼져, 그래서 가끔 개미의 검은 손발을 빌려 흘려 쓰기도 해요 어느 순간, 속 깊이 쓴 운문이 내게 그렇게 위안이 될 줄은 몰랐어요 한결 낫지만 이것 또한 모를, 그러나 천 번까지는 잘 견디겠어요 문장을 위해, 그를 위해,

그저 외로운 사람들은 너무 많은 운문을 쓰고 또 써서 남김이 없어요 그것 또한 내 마음은 내 손아귀를 잘 빠져나가니까 그래도 천 번이나 열망할

그러나 1,001번째엔 우리가 바뀔 수 있을까요? 문장도 천 번 지나면 보답을 해요 코끼리가 내게 와요 내가 천 번은 참아 낼 수 있어요 그러나 1,001번째는 말 못하겠어요 감옥도 감형의 혜택을 누려요 용서라는 말은 잡초처럼 부대끼며 흔해요 그러나 문장이 날 용서할까요?

내 앞에 1,001번째가 왔다면 그것이 문장이든, 그 사람이든 운문의 세상에서 누가 날 위로하겠어요 어디에도 없을, 나의 젊은 애인은 있었던가요? 그는 나의 부상(副賞)인가, 아니면 아직도 남아 있는 나의 부상(負傷)인가요?

다릅나무 아래에서

 우리는 어쩌다 불두화(佛頭花) 활짝 핀 꽃 앞에 서 있었지요 오래 서 있으면 마치 우리도 그 꽃의 한 부분처럼 되는 순간이 오기는 하지요 해마다 오월이면 불두화, 나를 흡입할 것 같은 그날에서 묶여 벗어나진 못하겠지요

 그 나무의 꽃에서 깨어나 뒷길로 걸어가면 오월의 숲이 꽃만큼 펼쳐지지요 모든 싹과 잎이 자라는 나뭇가지들이 내 손등을 할퀴요 아직도 순백의 꽃에서 깨지 못하는, 그가 내 손을 불두화처럼 붙들고 있었네요 봄의 숲은 막 잠에서 깬 듯 기지개를 켜고 그러면 온갖 나무들의 가지가 서로 닿아서 내는 마른 소리 벅차지요 숲에는 우리만 아니고 또 누군가 우리 뒤를 따라나서는 그런 소리에 자주 뒤돌아보지요

 가파른 중턱에서 우릴 막아선 다릅나무도 있긴 해요 그가 멈춰, 날 안았네요 그런 흔한 몸짓은 숲이 우리에게 어찌하라고 권하는 것이라 말할 수도 있어요 그를 다릅나무 아래 맡겨 두고 그가 없는 조팝나무 아래로 내려온

건 잔뜩 오그라든 내 안을 조금이라도 펴보려 애썼던 거예요

 한동안 나무 아래에서 나를 떼어 내진 못하겠지요 이런 강렬함은 마치 저 혼자 싹을 틔우는 다릅나무의 숨소리 같기도 하지요 몇십 년 지나 한 번쯤 이곳으로 내 발걸음이 오기는 할까요 그런 날이 와주기는, 다른 이보다도 내 마음은 늘 뒤처지기는 해요 감정들을 쉽게 해결하지도, 그를 읽어 내는 것도 나를 읽히는 것도 더디 가기는 해요

 그럼에도 사는 게 스산할 때 죽음이 그 냄새를 조여오면 가장 먼저 떠오를 장소가 내겐 있지요 그것만으로도 그다지 나쁜 삶을 살아 내는 건 아니라고 내 어깨에 내 손을 얹어 주지요 해마다 불두화 활짝 피어 있을, 그 길이 살아 있긴 하겠지요 그때까지 그의 뜨거웠던 손길이 살아 있을지는 모르겠지만 그 나무 아래에서 한참을 머물다 가겠지요

시인들, 시인들

 한 편의 시가 완성되기까지 얼마나 고약한 과정이 필요한가 골방으로 기어 들어가, 산처럼 아득한 종이 위에 품고 있던 생각들이 잘려 나가지 않기를 간절히 바라며 시의 줄기들을 조심조심, 내 손에 매달려 오는 수백 가지 생각들이 서로 뒤엉키지 않게 온통 그 생각뿐으로 다 가오는 생각들을 불렀다가 보내고 보냈다가 다시 부른다 다행히 여우 같은 생각들의 함정에 넘어가지 않고 막 끝낸 한 편의 詩 위에 펜과 너덜해진 생각들을 고요히 내려놓는다 골방을 기어 나와 햇볕 아래 서 있으면 얼핏, 지금이 가을인가 그렇게 소리 없이 며칠이, 1년이, 서른 몇 해가 저 멀리 달아났다 별 탈이 없는 한, 이것이 내 인생 전체가 될 테지

 새롭게 맞는 하루가 전혀 새로운 것 같지 않은 이 평범함 속에 길들여져, 해가 지고 꽃이 지고 사람도 져가는 하루를 연결시켜 주는 지극한 속임수와도 같은 그 속에서 특별한 것을 찾아 헤매는 시인, 풀잎에 매달린 이슬 앞에서도 멈춰져야 하는 사람, 그 일을 힘겹게 홀로

하고 있는 시인, 그들이 골방으로 기어 들어가기를 감수하는 한, 세상엔 詩가 남는다 프로스트나 프랑시스 잠의 詩 한 구절을 읽으며 나 자신도 위안을 삼는다는 것 그것이지 뭐, 시인이라고 또박또박 말할 수 있는 그날을 기다리는, 그것이지 뭐

그들은 미처 느끼지 못하겠지만 자신이 탄식하는 한마디가 다 시라는 걸 나는 안다 슬픔에 젖어 당신도 모르는 사이에 입술 사이로 새어 나오는 한마디가, 사랑하는 이들을 수시로 보내는 일 역시도 시라는 걸, 당신도 시의 한 음률인 것을 말해 줄 수가 없다니

II

그 길에서는 부석사 가는 길을 묻지 않는다

 여행이라 하기엔 좀 가볍게, 그냥 마음으로 걷듯 이 도시 저 도시의 밀물 썰물이 된다 그 길에서 누구도 부석사 가는 길을 묻지 않는다 더 기웃거린다 부석면 이정표를 보며 가파른 커브를 돌아,

 도대체 의상 대사는 당나라 처녀의 혼백을 얼마나 위로해야 되나 절에 오르기도 전에 작은 사당에 기거시키고 있는 그 마음 씀은, 수면에 반쯤 드러나서 물 위에 떠 있는 것처럼 보이는 바위를 뜻하는 말이 부석(浮石)이다 쉽게 말하면 당나라 처녀가 아직도 그러고 있다는 말 아닌가

 마음이 까마득히 보이는 이 산자락을 맴도는 적막함, 마음 삭히기엔 너무 좋은 절 마당의 나무의자에 앉아 두고 온 내 마음도 부석이다 나를 버리고 올라왔던 길을 이번엔 내려가려 애쓴다 투덜거리며 이리저리 돌다 한 소읍으로 들어서니,

마음 삭히기에 좋은 곳이 어디 절간뿐이겠는가 무작정 지나치다 보면 무언가 마음 놓이는 그런 풍경들에 닿는다 그건 마치 조금 전에 본 부석사 한 채 더 세우려는 듯, 여름 햇볕 쏟아지는 건 모두가 햇빛부석이다

너무 늦게 온 건 아닐까 그러나 누군가 변함없이 날 반기듯 그들이 마음 다해 염려하고 그리워하듯 그렇게 그리워하리라 부석처럼 그곳에 가면 마음 삭히기에 한 번쯤 심호흡하기에 너무나 좋은, 작은 내들이 굽이굽이 돌아, 혼자인 척하기엔 너무 거센 그곳, 오래 묵은 느티나무 그늘이 너무 커서 음산하기까지 한 그곳에서 더 이상 부석사 가는 길을 묻지 않는다

푸른 갈대무늬의 옷

 번화한 길가의 옷집, 유리 창문 안쪽에는 마른 갈대가 잔잔하다 푸르름 속에서 마른 손짓을 하는 모습에 멈추고 말았다 푸른 천에 누런 갈대무늬의 옷, 그 옷을 보러 가끔 유리 밖에서 오래 들여다본다 쉽게 문을 열고 들어가 그 옷을 만져 보지는 않았다 그저 바라만 본다 잠이 들었거나, 차를 타고 도심의 끝자락을 빠져나갈 때, 아이들 떠드는 소리에 멍해져도 그 푸른 갈대 옷은 내 몸 안쪽에서 허덕거렸다

 그 유리 밖에 서 있지 않아도, 그 옷을 입고 누군가 만나러 가는 상상에 닿는다 가고 있는 곳, 커다란 참나무들이 우뚝 막아서며 흐린 날은 더욱 침침해지는 그곳으로 들어서려면 두 갈래 번잡한 길을 거쳐야만 갈 수 있다 몇백 년을 굳건함으로 살아 낸 참나무 군락을 지나면, 몇백 년을 견딘 것 같은 허름한 찻집이 있다 그 집 창가에 앉으면, 밖에는 햇볕이 부풀대로 부풀어 터질 듯하다 산모퉁이를 오가는 차들, 시간은 잠이 들어 거기에 오래 묵은 내가 있다 문득 사람들이 초침처럼 나를 깨운다

문을 열고 세상의 길로 나가면, 그 시간들은 잘 익은 비스킷처럼 부서질 것이다 차를 천천히 마시면서 기다린다 푸른 바탕의 갈대무늬 옷을 걸친 채 누군가 뚜벅뚜벅, 걸어오리라 내 심장 위를 걸어오는 몇 초, 그 뚜벅거림은 내 마음속의 추(錘)이기도 하다 기억하려는 것은 그것뿐이다

 시간은 하루하루 내게 시달림을 주며, 그 속성을 따라 바보가 되고 시간의 하역자가 될 뿐이다 그런 사랑은 몇 백 년 묵은 참나무 밑을 기어다니는 벌레의 가는 다리 같다고나 할까

 다시 유리 앞에 섰을 때, 안쪽에서 자라던 푸른 밭의 갈대무늬는 사라졌다

 색깔과 무늬가 다른, 낯선 옷들이 펄럭인다 나를 파먹었던, 내 마음 깊은 상상을 끄집어내어 한동안 살아서

팔딱거린 그 사랑을 다시 한번 푸른 밤에 불러 세운다
그 현란하고 더할 나위 없던 날들, 그 자리에 너무 오래
서 있다 세상은 곧 나처럼 어두워질 것이다

완강한 사랑

사랑에 관한 글을 이토록 완강하게 쓰려는지 모르겠어 벚나무처럼 붉어지려 사랑은 화들짝, 모든 촉수들이 다 일어서는 그게 운명의 편인지 좋은 글 한 편에 깊이 현혹되는지, 헷갈리는 부분이다 누군가에게 나를 기억하게 하려는 시도?

때로 사랑은 아무 짓 하지 않을 때가 더 완강해 보일 수도 있다 아마도 완강한 사람에게 더 깊이 연루되기 때문인가 그토록 완강함에 끈질기게 두 발이 빠져드는가 그래도 여기 안갯속같이 마음이 터무니없이 흐려지도록 무엇이 나를 홀리고 있다 여기서 떠나지 못할 것 같다 내 마음속에 남아 있는 개운치 않은 그가 살아 있는 한

마치 포구에서 귀항하지 못하고 다시 떠나가는 배를 바라보던 때가 있었는데, 그는 아마도 내릴 생각이 없었다 그렇다면 왜 그 배에 대해 그토록 상세히 다정하게 묘사했던가 그저 지옥 같은 한 가닥 기억인가

이미 지나갔고 혹은 분명 덜 지나간 감정들이 어디에서 멈출지 더 못 가 머뭇거릴지도 모르겠다 그 감정이 십 년 후에 올 것인지, 며칠 후에 불쑥 올 것인지는 아무도 모른다 모든 것을 견뎌 내야 하는 것이 사랑의 기억법이라면 그토록 컴컴한 것들을 버텨 내어 햇빛 아래로 퍼올릴 수 있는, 이렇게도 많은 유성 같은 별을 감당할 수 있는 능력을 누가 내게 주었겠나

그럼에도 그와 나는 너무 간극이 없다는 거, 너무 많은 기억들이 마치 벚나무 아래 뒤덮여 맹추위가 와도 얼어 죽지는 않을 것처럼

그런데 그 포구에서 새벽녘에 도대체 무슨 일이 있었지?

지상낙원인 〈식도락의 마을〉

 피터 브뤼헐의 그림 〈식도락의 마을〉은 탐식에 대한 경고라고 하지만, 나는 지상낙원이란 제목을 붙인다 강물은 우유로 넘쳐나고 산은 수프로 만들어졌다 남자는 스푼을 들고 있다 농부와 기사와 학자가 뒤섞여 폭식한 몸을 감당 못해 옆으로, 큰 대자로 누워 있다 술병에선 술이 흘러넘치고, 바비큐가 된 돼지는 제 몸에 칼을 꽂은 채 먹을 사람을 찾아 나선다 그런 욕망은 그때나 지금이나 같다 전쟁과 기근이 휩쓸었던 시절에 무슨 생각에 잠겨 그런 그림을 그렸을까,

 이런, 그래서 그렸구나 예술가들은 목숨을 내놓고 자신의 일에 헌신적이다 보는 이들이 눈으로만 담아올 수 있는, 피터 브뤼헐이 사람들에게 당혹스러움을 준 것처럼, 일순 고요에 빠질 수밖에 없다 예술가에게 생업에서 벗어날 수 있다는 말은 견딜 수 없이 즐거운 경지, 지상낙원과 버금가는 말이다 그림 속에서 모든 음영들이 곡선의 길과 만나듯,

유년 시절을 유추해 보는 것, 예술가들은 서너 살 무렵 이미 진로가 정해진, 유별나게 사물 앞에 혼자 서 있던 적이 많은 사람들이다 작품은 사물이 흘린 결과물, 스스로 어린 시절에 쫓기는, 어떻게 어린 시절이 그를 떠나갔고 다시 그 기억의 일부로 돌아오게 되었는지에 대한 이야기다 그런 마찰이 일어났던 곳, 그곳에는 그 혼자만이 동그라니 서 있다 그것을 상처 또는 결핍이라 해도 좋다 그들을 간곡한 마음으로 읽어 내야 겨우, 얼마나 사무친 표출인가

 그런 몇 사람이 술자리를 함께했다 취기가 오른 한 사람이 아직도 그 결핍을 통과하지 못하고 누군가의 한마디 말에 휭하니, 그게 언제 적인데 아직도 휭하니 술집을 나가 버렸다 돌아와, 결핍들

이별의 몸가짐

 단풍잎들이 붉다 그 나무들은 어디에 있건 한결같다 그러나 벚나무 잎은 다르지 한 가지 색이 아닌 몇 가지 빛깔로 멈춘다 같은 벚나무의 잎이라도 색이 다르듯 나무 아래를 걷다가 발걸음을 멈추고 싶을 때가 있긴 하다 가장자리는 아직 푸르스름하고 흐린 갈색 한 줄 그 아래는 벼락처럼 붉다 그곳에 발걸음을 옮기기 바로 전에 내려앉은 잎이다

 한동안 생각, 내 마음에는 어찌 여물지 못한 탐(貪)함이 많은가 나무처럼 제 몸을 버리는 여유조차, 내가 쓰던 펜에다 붉은 벚나무 잎, 내 발걸음을 막아선 잎을 잠깐 빌려 깃털처럼 붙인다 이제 벚나무 잎으로 세상에서 가장 아름다운 펜을 만들어야 할 근거가 있다

 이별할 때 그는 아무것도 남기지 않으려 했다 이별은 늘 나보다 한발 앞서 온다 처음 사랑이 나를 보낼 때를 시작으로 도미노처럼 틈틈이 찾아온 이별은 많아졌다 만나거나 헤어질 때의 몸가짐 없이

미루고 피하기만 했던 그와의 이별에 대한 답례를 이제는 쓸 수 있을 것 같다 내 손가락이면 충분할, 물론 내 몫을 보태야 할 것이다 벚나무의 붉은 잎이 나를 대신하고 있다

제 한몸이었던 잎을 떼어 버린다는 것 사랑의 한몸이었던 이별을 떼어 버린다는 것 그렇게 나쁘진 않을 것 같다

담벼락에 얹히거나 넘어간 오너스 발작

 울타리만 있다면 혼자서도 잘 자라는 오노레 드 발자크(Honore de Balzac)라는 넝쿨장미 품종을 만들려 애쓴 그 사람, 누가 알겠어요 그를 헤아리다가는, 꽃 앞에 선 내가 마치 발작하듯 꽃을 보고 있는데 멈춰, 밤도 일시적으로 끊어진다 하긴 너무 늦은 멈춤도 있지

 담을 가득 채웠던 꽃만으로 달이 없어도 달을 대신할 수 있느니, 조금만 더 가면 덩굴장미들이 담벼락에 얹히거나 담을 넘어간 집 앞에서 멈추지

 언제부터 관계란 오너스 발작, 혹은 오너스 발작이 아닌 것으로 구분했던가 내게는 오너스 발작 아닌 것이 더 많아, 그렇게 구분하지 않으면 불안해져 대부분은 만나면 저절로 구분이 되지만, 그는 아직도 정리가 안 돼 질질 끌고 있는 거지

 저 꽃이 마치 내 마음의 대타를 만들어 놓은 것 같아 이른 여름의 벼락으로 구겨진 것처럼 보이기도 해 많이많이

도 간직한 다중인간처럼 한 번의 마음들이 겹으로 또 겹으로 제 몫을 보태듯 활짝 피려 힘들게 애쓰고 있지

 하지만 얼마나 오래 오너스 발작 앞에서 멈출 수 있을까 그저 몇 가지 감정들이 살짝 버무려진 여느 덩굴장미처럼, 척박한 토양과 변덕스런 기후를 잘 견뎌 낼지 두고 봐, 서로가 어떻게 얽힐지, 아플까?

지나간 사랑은 모두가 허상이었다

 한때 품었던 따뜻한 기억만 있는 사랑은 죽을 때까지 간직할 단 하나의 선물이라고 받는다 그 사람은 죽을 때 품에서 날아갈 것이라고 여겼다 한때라고 말하던 미친 짓을 어쩌지 못했던, 새벽을 맞이하는 순간에도 남들과 어긋나게 지냈다 남들이 웃을 때 울었다 그 짓을 반복했다 심해져 평상으로 돌아가지 못한 아파서 껍데기만 남는다

 따스함을 느끼지 못했다 늘 자석의 끝에 머문다 그와 보았던 거리의 풍경, 간판들의 눈짓, 국수 가락의 긴 이어짐, 어디서 들리던 쌍소리마저, 내가 가보지 못한 그의 어린 날의 단편, 만난 적 없는 그의 주위 사람들, 어떻게 커서, 무슨 생각을 반복하다 이렇게 어른이 되어, 나와 마침내 밥을 나누어 먹으며 소주를 나눠 마시며 같이 취기를, 마침내는 같은 것이 되려 애쓰는가

 너무 많은 사람 중에서 단 한 사람, 하나가 가지는 소중함, 하나가 가지는 이미지, 하나가 되는 두려움의 폭

포, 어느 날 깨어 보니 그가 없다, 그가 떠나도 내 자석의 끝에 희미한 추억이 붙는다 그 많은 의미들이 빛을 잃어 그 끝에 아슬아슬하게 달려 있다 산발한 그 빛들은 떨어져 나가는데,

 폭풍 같은 광기 같은 순간, 삶을 토했을 때처럼 흔들리고 숨이 멎고, 문득 땅속에 누운 내 시체가 보였다

 시간이 지나 더러는 쉽게 몇 년도 흘러, 그렇게 지나간 것들은 심드렁하게 하품하며 긁적이며, 가래침을 뱉으며 시시덕거리며 그렇게 말한다, 지나간 사랑은 모두가 알 수 없는 거라고,

 그렇게 말하는 것이 슬퍼서 술 한 잔 마시면서 그렇게 말하지 않을 수 없는 이유는 네 탓이며 그 여자 탓이며 늙은 탓이며 실시간 미사여구를 쓰지 못한 탓이며 너무 떨린 탓이며 좋다는 표현을 거꾸로 말한 탓이며 간다고 했을 때 가라고 한 내 탓이며, 탓으로 끝을 맺는 많은 사

람들이 있다 지나간 사랑은 그래서 모두가 허상이었다고 가끔은 쉽게 말하지만 나, 한 번도 그 말의 심장을 갈라 보지는 못했다

물의 가족[*]

때 맞춰 책을 읽었던 것 같다 봄, 그리고 다음해도 넘어갔다 몇 년이 구름 속이다 영혼을 숯처럼 태우고 멀쩡하게 존재하고 있는지 의심스러웠다 책 밖으로 풍겨 나오는 사과 꽃향기를 맡았다 결코 쉽게 넘어가지 않는 페이지들, 시동이 잘 걸리지 않는 옆집 오토바이 같다

혼자서 닫거나 열 수 있다 쓰는 것 이외의 시간, 차를 마실 때, 절제하는 세상의 많은 즐거움, 쾌락, 득실대는 이기(利己), 유리창 너머에서 연신 혀를 날름대지 않았겠는가

무너지는 사람이 많은가 그것이 본능이거나 존재라고 말하지만, 사랑의 얼굴은 차가워서 다다를 수 없다는 그 말 자체가 금기다 사랑은 그 사람이 어디에 살든 별 의미가 없다 헤아리거나 말거나 만날 이유가 없을, 이대로

---

* 마루야마 겐지의 동명 소설

숨이 멎어도 누구도 울어 주지 않을, 경계도 놓아 버리는, 누구의 소설 속에도 나는 없다 다만 그러한 행적만 있을 뿐

  사랑을 비정상적으로 한다 비(非)감동, 비(非)낭만, 모든 비(非)를 포함한 사랑이다 말하자면 변태다 끊임없는 변태, 끌어들이고 해체한다 가능한 사랑이라는 실체와 그 가상까지 다다른다

  유성은 안타까워 아름답다 사랑은 위장일 수도 있다 청개구리가 푸른색을 뒤집어쓴 채 풀잎에 숨거나 나무뱀이 나무를 의지해 저를 표현하듯, 누구든지 청개구리, 나무뱀이다 들키지만 않는다면, 끔찍하다 유성들이 한꺼번에 쏟아져 설레는 마음 억누를 수 없듯이, 그것 또한 사람에 대한 참을 수 없는 끓어오름이다

그는 나의 수심(愁心), 짐짓 수심(水心)

 비처럼 젖어드는 것이 또 무엇이 있을까 내 마음에 차디찬 너의 마음 만나 엉키다가 이윽고 버려질 빗방울 되듯 너의 차디찬 마음 없었다면 이 글을 마저 쓰지는 못했을 것이다 저토록 한 가지 생각으로 밀어내며, 마침내 빗방울들, 그러니까 마음이 저토록 뭉쳐지려는 뜻만으로 비가 내려

 그에 대하여 다 표현하지 못할 때 있듯 정작 해야 할 말이 비와 함께 가늘어진다

 비가 내리기 시작할 때 마른 흙 위에 풀썩하며 흙에 와 닿는 가벼운 충돌, 그런 주위로 퍼지는 파장처럼, 묘한 흙냄새를, 마른 흙이 막 젖기 시작하는 그의 몸짓 같은 냄새를 포도주로 기억하는 날이 있었지 내리기 시작한 비를 멈출 수 있는 이는 아무도 없다 멈춰, 물끄러미 들여다본다는 그것뿐이지

 마음이라는 게 비처럼 갖가지 소리를 내고, 그저 젖는

소리 혹은 걱정이다 멈출 줄 모르고 강으로까지 넘어간 뒤다 어차피 비도 젖었고 받아들이는 땅도 젖어 있기는 마찬가지다 받아 주는 사람을 품기 마련, 이런 물과의 관계는 언제 어떻게 멈출지 모른다는 것이다 갑자기 쾌청할 수도 있고 범람할 수도, 그런 비의 성향을 갖듯 지루한 수심(愁心)과 수심(水心)이 내게 눈치 못 채게 할

 비가 그의 편이었다면 할 수 없지 내 편인 입을 누르는 수밖에, 새어 나가지 못하게 입을 누르는 연약함이 내 힘이라면 할 수 없지 어차피 잔뜩 젖어 있기는, 그러니까 수심(愁心)이 수심(水心) 위로 숨는다는 말로 들리니 어떤 것이 내 마음인지 아무도 모른다는 것이지 좀 편안하지

III

혼자의 사랑

 사랑은 상대가 있다 하지만 혼자 저지르는 사랑도 있다 이 세상의 대충 절반은 사랑의 대상일 테지만, 혼자 사랑이 개입되면 혼자 걷고, 혼자 생각하고, 혼자 쓸쓸히 밥을 먹으며 누구에게도 내색 못하는 혼자만의 궁핍한 사랑에 빠진다 악성 종양처럼, 삶의 멀쩡한 부분까지 위험에 빠뜨린다

 누구도 만나지 않고 모든 관계를 끊고 있지만, 정작 자신은 눈치채지 못한다 악성 종양은 점점 뻗어 나가고, 체열은 오른다 날마다 몸이 타들어 가고, 언젠가는 종이 한 장처럼 얇아져서 부서질 때까지 기꺼이 감수할,

 저 혼자 제 몸을 태워야 하는 어릿광대 같은 혼자 하는 사랑은 아무것도 요구하지 않는다 한 번만 더 스쳐간다면, 전혀 눈치채지 못하지만 지독하게 향기로운 진정제를 눈물겹게 바라고만 있을 뿐이다

 저 홀로 깊어가는 사랑으로 자신을 채우고, 그가 이

세상에 살아 있는 것만으로도 그토록 오랜 시간이 닳고 닳아, 모진 밤낮이 뭉쳐 거듭 마르고서야 다다를 수 있을까

 넉넉해진 눈으로 사랑에 근육이 붙듯, 때 이른 나비가 그의 주위를 떠나지 않고 어른거려도, 그처럼 혼자의 사랑이 온 생애를 흘러가도 그저 바라만 볼 뿐, 그저 안개처럼 혼자 흩어진다

 그것이 얼마나 오래되었는지를 거슬러 가야 한다면 동굴에 벽화를 그리기 바로 전의 크로마뇽인이다 그때부터다 혼자의 사랑을 읽고 그리기 시작한 이는

식물성 사랑

 무릎 꿇은 채, 식물에게 말을 걸어 본다 내 말에 떨림을 보여 줘, 식물에게 술을 먹이면 취해서 마치 주정뱅이처럼 비틀거리고 어떤 여린 식물은 기절도 하며, 시간이 지나면 술에서 깨어나는 숙취의 증상까지 나타난다고 한다 정말일까? 그런 식물들을 믿는 것과 믿지 않는 것의 무성의함, 믿지 말라는 경계심조차 벗어나는 식물들

 젊음에서 멀리 와버린 지금, 너무 많은 공식들을 머릿속에 빽빽이 쌓아 놓던 시절, 상상할 수조차 없던 지각의 곤두박질들, 그런 것들은 다 어디로 갔는가 사물을 대할 때 사사로운 지식은 믿지 않고 무릎을 꿇으니, 식물성 같은 사랑이 감지된다

 느리고 긴 덩굴을 가진 식물성, 그 사람이 다니는 길목, 발소리가 들리면 줄기를 들어 올리며 팔을 뻗는다 무엇 때문인지 그가 잠깐 멈추었다가 간다 그때마다 방향을 바꾸며 줄기를 굽히고 흔들며, 그에게 떨림을 전하고 싶다

사랑이 점점 진지해지면 그는 고개 숙여 나를 들여다본다 그를 올려다보며 남들보다 더 오래 피어서, 그러나 서서히 시들어 더 이상 보여 줄 것이 없어졌다 오랫동안 오지 않아도 여전히 진지하다 가끔 멈추었던 발소리만 입력되었다 그를 찾지 않는다 구걸은 없다 전에는 작은 소읍에 살았는데 내 사랑의 가련한 식물성들, 그가 다른 도시에 이사를 갔는지 모른다 아니면 두 발 세우면 보이는 동네에 사는지도 모르겠다 그런 건 중요하지 않다 어쩌면 세상에 없는지도 모른다 오래전부터

그가 다른 도시에 있거나 사람이 붐비는 거리 한복판을 걸어가거나, 여러 사람 속에 섞여 있어도 금방 알 것 같다 한 번 입력된 냄새, 자란 도시에서 쓰던 말의 높낮음, 대중적인 것에서 벗어나지 못하는 취향, 젊은 사람들이 즐겨 신는 앞이 뭉툭한 갈색구두를 신고, 지금도 어딘가 가고 있는지도 모른다 사소한 모든 것도 쉽게 버려지지 않는다

연약한 줄기를 들어 올려 햇볕으로 가고자 하는 성질처럼 그에게 감긴다 감지 못하면 죽는 덩굴식물이다 사랑은 아무도 모르게 가련하게 자기 자신도 어쩌지 못할 긴 시간들을 지나, 한순간 스치는, 아무 일도 아닌 것들에게조차 매료당한다

식물은 지천으로 흔하다 식물이 아닌 것도 대열에 끼어 있다 그러나 어떤 식물은 내색 없이 그가 어디에 있던, 삶이거나 죽음이거나, 유대관계를 지속하고 있다

회상

 사람 몸에서 가장 부드러운 부분은 뇌, 수만 개의 다른 신경세포와 연결된, 서로의 의사나 감정, 생각들을 주고받는 일을 도맡는다 뇌의 주인에 따라 굳어 있거나 말랑말랑한 상태로 있을 것이다 우리는 받아들이고 싶은 것만 무의식중에 받아들이고 있다 별생각 없이 멍청하게 몇 년을 그럭저럭 보낼 수도 있다 그만큼 뇌는 편안한 걸 좋아하고 게으른 걸 선호한다

 조르쥬 상드, 그의 책을 세심히 읽으며 어린 시절까지 유추하고, 내 나름대로 소문의 뿌리를 헤아려 보곤 한다 타인의 고정관념을 무기로 삼아 기막힌 노래를 만드는 이도 있다 아마도 그런 행위는 자신의 뇌에 거역하는 반역 아닐까

 당시엔 여성 이름으로 책을 내주는 출판사가 없었기에 본인의 진짜 이름, 오로르 뒤팽은 저자 이름으로 활자화되지는 않았다 200년 전의 일이다 지금으로 치면 베스트셀러인 소설들을 1년에 몇 권씩 쓰기도 했다 소설과 산문집, 서간집을 남기고도 틈틈이 연애까지 했다

하니, 무서운 힘이다 나는 그 힘이 부럽다

 "나 죽거든 사랑하는 이여, 내 무덤 위에 버드나무를 심어다오 그늘 드리운 그 가지를 좋아하노니, 창백한 그 빛, 정답고 그리워라 내 잠든 땅 위에 그 그늘 사뿐히 드리워다오"라고 쓴 묘비명 아래 잠든 알프레드 드 뮈세, 조르쥬 상드와 짧은 열애를 했던 천재 시인, 그때 쓴 회상이라는 시는 낭만파 시대의 3대 시 중의 하나다 그녀는 뮈세를 버리고 쇼팽에게로 갔다

 쇼팽의 병이 악화된 상태에서 만났지만 주옥같은 곡은 그때 나왔고, 상드 역시 그때 대표작들을 발표했다 어쨌든 상드는 공공연히 자신의 연인을 공개했다 겉모습과 달리 여성적인 성격의, 모성애가 깃든 불꽃같은 그가 뮈세에게 준 예술적인 영감과 쇼팽에게는 거침없는 사랑을, 예술가로서 상대가 남자건 여자건 조르쥬 상드 같은 이를 만나 영감을 받을 수만 있다면, 불멸의 작품 한 편만 남길 수 있다면, 내겐 꿈일까

ㅊ, ㅊ, ㅊ, 첫, 첫, 처음이라는 말들을

 처음이라는 말이 들어가면 어쩐지 조금은 씩씩하고 거침이 없기는 하다 처음은 스스로 직접 배운다는 뜻이기도 하다 처음이 쌓이고 쌓여 익숙해지듯, 온갖 실수를 저지르고 난 뒤에 어른이 되듯, 첫 앞에서는 지금도 후들거려 힘을 못 쓰기 마련이다

 자신이 쓴 첫 번째 책은 가급적 들여다보지 않는다 몇십 년이 지나 그걸 다시 출간한다기에 할 수 없이 첫 책을 집어 들었다 이제껏 피하기만 했는데 웬걸, 그동안 잊었던 풋풋함, 어찌할 수 없을 정도로 융통성이 없던, 재간 있게 표현하는 기술이나 솜씨는 미숙했지만 젊은 날의 바르고 곧은 것들이 펼쳐 있었다 그때 그것들은 나비였다 책 안에는 사랑에 대한 최초의 기록이 아직도 조금도 축나거나 변하지 않고 온전히,

 그는 늘 즐거워 해, 나는 늘 말없이 듣기만 했어, 책을 뒤적이다 자신의 마음과 흡사한 시를 읽었다며 들려주기도 했어 헤어지고 나서 그를 찾으려고 추운 날도 엄청 헤매었어 이후에도 많이 헤매었어 우연히, 생각지도 않

게 옛날과 연결된 사람들을 살면서 만나기는 하지 그러나 그와는 한 번도 없어

 급히 지하도를 내려갈 때 그와 어깨가 부딪쳤거나, 그가 내 옆을 지나갔거나, 그랬을 것이다 그런 것마저 위안으로 삼는다 어쩌면 추운 날에도 그랬을 것이다 앞 차에게 빨리 좀 가라고 경적을 계속 울렸을지도 모르겠다 처음이라는 말은 그때도 슬프고 지금도 슬프다 황망할지라도 첫 책은 복간된다는데, 그 사랑은 복간된다는 소식조차 없다

 물론 이후에 책 속에는 표현하는 기교는 나아졌을 것이다 사랑하는 기교도 나아졌을 것이다

 사랑이라면, 억지 같은 사랑일지라도 정당화하기 위해 어떤 고통이나 구차스러운 일도 감내할 마음이 생긴다 사랑을 잃고 나서 벌떡, 자다가 일어나 창문에 매달리는 일 따위는 그저 살면서 한 번이면 족하다

기타는 총, 노래는 총알

 머리에 총을 겨누었다 얼굴이 날아가고 남은 몸이 한동안 서 있다 머리에 총을 겨누면 어떤 일이 생기는가 그 장면이 머릿속에 총알처럼 박혔다 며칠 후에 그와 똑같이 머리에 총을 겨눈 여자를 알게 되었다 비올레타 파라 〈생에 감사해〉 노래를 만들고 몇 달 후, 결국은 아끼던 기타에 엎어져서,

 군중 속에서 내 사랑하는 사람을 온전히 알아보는 눈을 가져서, 사랑하는 이의 부드러운 목소리를 밤낮으로 들을 수 있는 귀를 주어서, 사랑하는 영혼의 길을 비추는 빛 같은 말들을, 당신의 집, 당신의 길, 당신의 정원을 지친 다리로도 걸을 수 있는 힘을 주어서, 당신의 눈의 깊이를 볼 때 내 고정된 틀을 흔드는 심장을 주어서, 생에 감사해 내게 많은 걸 주어서, 대강 그런 뜻이다

 그러니까 사랑의 처절함 팍팍하고 거침없고 그녀의 성격에 진저리친 남자가 다른 여자에게 갔다 다른 요인도 있었지만 그걸 헤쳐가지 못할 정도로 여리진 않았다

사랑의 슬픔이 아닌 결국은 기쁨을 찾아낸 것도 사랑이다 사랑에 대한 응답으로, 이루는 것만이 사랑의 실체는 아니다 결핍 또한 사랑의 다른 손, 돌아오지 않아도 다른 이의 것이 되었어도, 내가 가진 것은 사랑이라는,

 사랑을 버린 것이 아니다 사랑의 허상에 골똘했기 때문이다 그 남자가 떠났기 때문은 아니다 그가 떠난 이후의, 이리저리 찢겨지고 도무지 갈피를 잡을 수 없는 날들이 올 것은 뻔한 일, 그 남자의, 나의, 감정을 일으켜 세워 보려 애쓰는 흔적이다 떠난 그 남자를 찾아 그와 함께한 장소의 그 공기 속을 헤맬 자신이 더 추해지는 몰골을 감추려 함이다

 그러니까 파라의 마지막 노래는 기쁨으로 이루어졌다 찬란하게 이루었던 지난날에 대한 감사함이다 그럼에도 사랑을 안고 가겠다는 뜻을 우리는 진저리치고 의아해한다 그러니까 살아 있는 우리들의 사랑보다는 세긴 세다 그래서 사랑은 총, 그 남자는 총알이었던 셈이겠지

사랑이 명품이라고

 그런 집 있지 담 안쪽에 밤나무 한 그루, 가을에 밤들이 툭, 툭, 떨어지고 우린 그것을 정적 속에서 헤아리고, 그것 빼고는 가장 늦게 잎이 틔고 꽃은 짙은 살 냄새를 흘리지 십일월의 비에는 속수무책, 모든 잎들이 붉어져도 밤나무 잎은 녹슨 쇠처럼 밟고 간 발자국을 무겁게 남기지

 처음 그를 봤을 때, 가장 크고 윤이 나는 밤 한 톨 같았지 세상에서 가장 귀한 것을 찾아 주려 헤매지 모든 게 하찮게 여겨지고, 문득 같은 자리에서 고개를 갸우뚱 몇 번이나 돌곤 했던가 그런 날이 다시 와줄까

 비 맞은 밤나무 아래서 비처럼 길게 생각하지 한 번 지나간 것, 다시 돌아오지 않는다고 여긴 날들 그러나 그 기억이 있는 한 지금도 숨이 뚝, 멎을 것 같아 어느 생에서 봄날 모든 나무들의 잎이 다 틔워도 유독, 그 밤나무는 마치 죽은 듯할까 인내심을 갖고 더 기다려, 살아 있는 기억은 없는 듯 눈감고 오래 떠올려 봐, 그러면

사라지지 않아

 제 목숨마저 주고 싶은 환상적인 이 낱개의 상품이, 그에게 주려는 가장 뛰어나고 가장 아름다운 명품이라면, 날 위해 단 하나뿐인 명품을 건넨 셈이지 그래서 고맙지,

그의 책 속에 아직 남아 있는 사랑

 나무들이 줄지은 곳의 카페라면, 그곳에 혼자 남아 있다면 더욱, 좋다 차 한 잔도 숨 쉬는 것도 완벽하다 여기서 길을 버릴 사람은 아무도 없다 이럴 때 머릿속을 반으로 자른다면 수박처럼 붉어 가고 있을 것이다

 이 완벽함도 완벽함이 아니다 하루의 시간으로 낱알도 못 될, 몇 시간을 달콤하게 앉아 있어도 아무 일 일어나진 않는다 소설 속에서는 쉽게 만나 사랑을 하질 않든가 영화의 한 장면에서 그들은 정해진 것처럼 만나지 않았든가 지금 내겐 그런 일은 일어나질 않는다

 영화처럼 우연히 만나 격렬하게 사랑을 나누는 것이 정말인지 알았던 시절도 있긴 하다 소설이 사실인 것처럼 빠져든 때도 있긴 하다 그러나 사랑의 격렬함이 순식간에 오는 법은 없다 뭔지 모르게 황망하고 다급하게 우왕좌왕, 무엇을 했는지 그저 의복처럼 걸쳐 있기만 했던 것 같은 사랑이다

오늘 그에게 안겼다면 내일은 다른 이가 될 수도 있다 결국 소설은 세세한 것들을 생략하는 근성이 있다 하루는 반복된다 특별하거나 드물거나에서 한참 벗어난 것들이다 별다를 바가 없는 일상의 일에 살을 듬뿍 붙여 댄 것이다 단지 어느 소설가를 선호하는지는 그 책 속에 아직도 남아 있는 사랑이다

 아무 일도 일어날 것 같지 않은 지루한 삶이다 앞일은 누구나 모를 뿐 나무들은 몇십 년, 몇백 년도 침묵이다 아무도 침묵이라 생각하지 않을 뿐이다 그 내일도 내일 일은 아무도 모른다고 다시 말할 뿐, 내일 일은 아무도 모르기에 시를, 소설을, 영화를 찍고 있다

 아직 햇살은 카페 밖에서 제 몫이다 차는 이미 식었고 내겐 아무 일도 일어나지 않는다 아니, 아무 일도 일어날 것 같지는 않다 세상의 텅 빈 같음이여, 모두가 가련하게 텅 비어 있음이니, 무엇으로 가득 채워 보랴

봄의 정취에 겨워 서로 노래로 답함

 창가 쪽의 화분에서 제집처럼 자라던 오이, 모종으로 시작된 삶이 있다 꽃은 호박꽃의 축소판, 아직도 세상 모든 꽃이 다 오이가 된다고 믿는 사람 있으니 그것도 내가 숨 쉬는 나지막한 번거로움 속에서, 하루에도 몇 번 그곳을 지나며 정작 내가 생각한 것은 오이가 아닐지 모른다

 오이가 되지 못하는 꽃을 지우듯 주위 사람들도 지우고 있는 나 그럼에도 오이를 기다리는, 어떤 식물은 나를 대신해 주려 작정을 한 것 같다

 누구나 바라볼 수 있는 한 가지를 이루기 위해 전 삶이 이렇듯 노곤한 건 아닐까 생각만으로 엮였다 어떤 식물은 그런 전개를 떠벌리지 말라 귀띔해 주기도 한다 꽃이 되질 못해 사라진 꽃을 생각한다는 건 두 가슴을 감싸 안으며 오랫동안 고개를 들지 못하는 잎과 흡사하다

 그래도 가는 줄기에 아주 태연자약하게 매달려 있는

수많은 오이의 형태는 내게 위안을 주고 있는 게 사실이다 공중에 매달린 심정 같은 걸 사진으로 찍어 누군가에게 보내긴 한다

　참 대단한 식물이라며 늘 깊고 씩씩하기를 바란다는 농촌화답을 받는 그 시간은 비가 내리고, 멈추다 다시 내리는 지금, 나한테 가장 필요한 걸 들켜 버렸다 오이꽃 하나가 깊은 생각 중이다 씩씩하게 버틸지 가볍게 낙하할지

그렇게 봄날은 갔다

 어떤 카페의 어떤 자리, 한 번쯤은 전에 와보았던 장소에 다시 겹쳐 앉아 있을 때가 있다 그렇게 앉아 하염없다 유리 저쪽으로 봄날의 무중력 같은 아지랑이들이 봄이 아니냐 나무들에게 며칠 전부터 근접했고, 그 나무 발밑으로는 물들이 나무의 세포들과 부지런히 길을 트고 있었으니

 봄은 가장 마지막으로 사람에게 온다 뒤늦게 그에게 전화를 했다 전화를 끊고 그가 오기까지의 시간, 어떤 시간은 획, 지나가고 어떤 시간은 너무 느려 죽음과도 연결된다 어떤 때의 시간은 사람을 태우는 살 냄새를 피워 올린다 시간은 원이라 모든 것은 되풀이 된다 둥그런 유리 안에 살아도 유리 밖으로 튀어나오면 다른 형태, 다른 함구가 된다

 무중력 같은 봄의 입김 사이를 뚫으며 한 사람이 걸어 들어온다 그의 발걸음 하나하나 소리 내어 세는 동안, 모든 봄은 그의 앞이다 아, 아, 봄은 빨리 왔다 너무 빨

리 오고 너무 빨리 간다 그뿐인가 그 뒤의 세상은 오래 푸르죽죽하다

 같은 자리에 앉아서 그가 앉았던 자리를 비워 놓는다 차 한 잔은 식어 가고 있다 세상의 어떤 몽매함이 오지 않는 자리에 앉아 저처럼 서서히 식기를 기다리는가 유리 저쪽은 어찌하여 눈이 부시게 우거진 살점만 갖고 있는 것인가 살아 있는 살들로 꽉 차 있다 그 뒤로 그와 닮은 봄은 정말, 와주기라도 한 걸까

 유리 밖을 내다보며 턱을 괴고 그의 말을 듣고 있다 그리고 그가 툭, 쳤던 걸 기억한다 그것은 어느 봄날의 실체, 그건 허상도 아니고 거짓도 아니었다 존재했고 그곳에 앉아 있었다 우리는 저녁 해가 서서히 차오르다 눈앞에서 명멸하는 순간도 같이 바라보았는데

 그때가 만져지지 않는다 마음에 안 드는 옷을 이것저것 입어 보며 영화의 한 장면처럼 눈물을 흘리고 갑자기

불이 환하게 들어올 것 같아 급히 눈물을 훔쳐 내고, 그렇게 울다가 밖으로 나와선 잘못한 것도 없는데 고개도 못 들고, 그렇게 봄날은 갔다

IV

삼십육계비본병법(三十六計祕本兵法)

 늦가을도 물러질 때에 그를 잠깐 본 것은 몇 분에 불과하다 일행 중 한 사람에게 볼일이 있어 잠깐 들렀다가 눈을 서로 마주한 건 5초뿐이다 그것도 낯설게, 침묵 속에서, 그런데 살아 내면서 어떤 날의 5초는 몇 년 동안이나 잠자듯 머물 때가 있다 짧은 시간에 무얼 입력해 놓은 것인가 가장 붉게 타오른 입술같이 물든 낙엽을 책갈피에 넣어 두고 잊은 적 있듯,

 그렇게 선뜻 말하지 못하고 망설일 때가 몇 번인가 왜 그런 감정들을 나는 묵히려고만 하는지 그것도 저력인가 옛말은 그래서 가까이 두는 것 아닌가 그저 가을과는 아무것도 이루지도 못했는데 편백나무 아래처럼 나는 산뜻하지가 않다 가을, 무슨 말이 산뜻하지 않았냐고 물으면 아직도 서늘한 말조차 이루지 못했는데,

 책갈피에 잘 넣어 둔 붉은 낙엽처럼 내 마음은 그런 몸을 잘 보존했을까 그래도 질깃질깃, 그때의 감정을 물어온다면 그때 멀리 삼십육계를, 더 이상 어찌해 볼 방

법이 없어 정말 마음이 너무 곤란해져 잠깐 피했다 상책인 줄 알고

  때로는 달아나는 것도 몸을 보존한다는 말, 옛말에 취해 그가 가물거릴 때쯤 세상이 누런 떡잎 같을 때쯤 알았다 어디 쉬이 제 몸 버리는 것이 낙엽뿐이겠나

  그러나 다시 그를 내 마음속에서 공격할 기회를 기다린다는 것은 허물도 아니라는 것쯤 알게 되었는데

말똥가리처럼

 남한강을 끼고 강하면과 강상면이 있다 읍에 나갈 땐 강상 쪽, 강 위로 갔다 강 아래로 온다 운이 좋으면 일몰을 볼 수도 있다 누가 바로 강가에 약국을 열었다 해 질 녘 강변으로 걸어가 아픈 몸을 호소하다니

 무엇이 그리워지면 나를 세워 둬서는 안 됨을 알았다 한밤중에 내게 위안이 되는 사물이나 장소를 찾아 길을 나선다 횡성으로 들어서니 안개가 닻처럼 내려앉아, 내 눈앞도 믿을 수 없다 안개의 위력은 커다란 곰의 입속이다 빨리 삼켜라, 차라리

 돌아갈까, 사람이 죽으면 이런 안갯속을 유령처럼 혼자 중얼거리며, 끝없이 가고 또 가는지 모를 일이다 생은 짧고 풀어낼 것은 많다 강가의 약국처럼, 겉도는 안개와 나의 유령뿐인 그런 새벽을 가고 또 간다

 내 마음속에서 그의 이름이 나오기는 어렵다 혹시나 한쪽 모서리만 살짝 내비칠까 죽을 때까지 가만히 내 속

에 누워만 있을지도 모르겠다

  은밀하게 남다르게 피었던 꽃들, 그것에도 힘이 있다 입으로 다 풀어 버릴 수는 없으니 이렇게라도 풀어내면 며칠은 살짝 넘어가 줄 것 같다 그래서 또 며칠은 뜬눈으로 생각하고, 참내, 왜 말똥가리처럼 생겨가지고

마트료시카를 떠올리게 하는 여자

 마트료시카는 라틴어에서 유래하여, 러시아어로 어머니란 뜻을 가진 인형이다 그 나라를 상징하는, 전체가 둥글면서 가장 큰 인형의 몸속에 그보다 작은 인형들이 차곡차곡 들어 있다 몇 번을 들어내면, 마지막에 작은 아기 인형이 나온다 예전에는 인형이 짝수로 들어 있었다 왜 짝수를 선호하게 되었을까 베토벤이 9개의 교향곡을 만들 때 홀수는 슬픈 기분에서, 짝수는 즐거운 기분에서 작곡했다 한다 짝수는 어떤 의미일까 삶은 딱 맞아떨어지는 짝수를 피해, 불완전한 홀수에 중심축을 두고 밀려오는 슬픔에 시달리는가

 책을 읽을 때의 그녀는 잠깐이지만 집중력은 빈틈이 없다 사소한 것에 감정을 노출하지 않는 그녀를 바라보면, 문득 마트료시카의 느낌이 든다 불현듯, 그녀는 왜 무수히 걸어 다녔을 이 거리를 마주하고 앉아 있나 왜 삶이 전혀 다른, 예전에 스친 적조차 없는 사람을 떠올리고 있을까 왜 그런 수많은 자기와 닮은 생김새의 인형들 중에서 조금 더 크고 성숙한 사람이 되려 애쓰고 있

나 대체 몇 번이나 더 자신을 넣을 인형이 필요할까

    나이에 걸맞지 않은 말을 곧잘 하는 그녀를 바라보면, 또 다른 더 큰 마트료시카 인형이 그녀를 기다리고 있을 것 같다 오로지 자신을 위해서만 열심히 살아왔기에, 온전히 그녀만의 마트료시카 인형들이 수없이 늘어서 있는 환영을 보기도 한다 오래전 죽은 한 소설가의 말이 떠오른다 "언젠가 이 세상은 나를 알게 되고 이해하게 될 것이다 그렇지만 그런 날이 오지 않는다고 크게 상관할 일은 아니다 나는 다른 여성들을 위해 길을 열어 줄 뿐이다"

천 가지 말을 숨길 수 있는 입속이여

이(齒)는 음식물을 잘게 씹는 일도 하지만 말을 하는 데도 관여를 한다 입속은 천 가지 말도 숨길 수 있고 천 가지 말을 끄집어내어 울고 웃게 할 수도 있다

누군가를 들여다볼 수 있는 힘, 그의 글씨체는 부드럽고 둥글다 성격도 모나지 않고 낙천적일 것이다 그의 입꼬리가 살짝 올라간 것이 그 증거다 그가 좋아하는 말 중의 하나가 영원함이다 과연,

시간이 많으면 그의 단점도 찾아낼 수 있을 텐데, 왜냐하면 단점은 그에게 다가갈 수 있는 길을 좁혀 준다 가장 정확한 냄새를 풍기기 때문이다 가장 쉽게 친해질 수 있는 지름길은 그의 단점을, 나의 단점을 드러내는 일이다 그렇게 시작한 관계들은 항상 오래갔다 그건 어찌 보면 누군가에겐 치명적일 수도 있긴 하다

어느 평론가의 말처럼, 문학은 여러 곳에 흩어진 이들을 찾아 기록하고 기억하며 그에 합당한 이름을 붙여 그

들 마음을 씻어 가는 작업이 아닐까 나 역시도 그런 길을 가고 있는 것인가 내게는 시의 본분이기도 하다 그가 천 가지 말을 숨기고 있는 입속을 이리도 맹목적이고 저돌적으로, 알 수 없는 그곳, 내가 찾아내려는 것이 당신의 입속에 모두 다 숨어 있다 그래서 천 가지 말을 끄집어내려고 그에게 집중하고 있다 언제쯤 달콤하고 새콤함이 강조된, 튤립 꽃보다도 더 단아한 한 문장을 받아낼 수 있을까

예전에 나비라는 이름의 여전사가 있었다

 최초의 공식적인 여성 군대 '다호메이 아마존'이 서아프리카에 존재했다 온통 가시뿐인 아카시아 숲속을 질주하여 절벽 위에서 점프하는 훈련과 단 한 자루의 칼만 지니고 정글에서 10일을 견뎌야 하는 훈련, 2번을 통과해야만 그 부대에 들어갈 수 있었다 아프리카 전역에서 그들의 이름은 악명 그 자체였다 프랑스 식민지가 되었는데도, 잠입한 그녀들에 의해 종종 프랑스 장교들의 목이 잘리기도 했다

 이들의 마지막 역사는 1979년 나비라는 이름을 가진 여전사가 죽으면서 사실상의 기록으로만 남게 되었다

 단비라는 이름을 가진 여군, 왜 여군이 되었냐고 물었는데 무어라고 답을 들었는데 며칠 후에 그 답마저 잊었다 누군가 왜 글을 쓰냐고 물으면 젊었을 땐 쉽게 대답이 나왔다 나이들수록 대답이 더뎌진다 요즘은 대꾸도 안 한다 아주 사소한 것도 점점 더 내 몫은 하나도 없다는 걸 느낀다

삶은 눈사람을 만들어 가는 과정인 것 같다 눈덩이를 굴리다 보면, 처음은 가볍지만 나아갈수록 부피가 붙어 나중에는 힘에 부친다 겨우 몸통이 만들어지면 그것과 비등한 얼굴을 만들려고 또 굴려야 한다 중간 중간에 흙이 묻어 더욱 힘이 들고 더뎌진다 얼굴을 몸통 위에 올려놓으려면 누군가의 도움이 필요해지기도 한다 그게 지혜랄 수도 있겠으나, 내겐 용기였다

 이윽고 얼굴까지 올리면 눈과 코, 입도 엉성하지만 만들어 붙인다 그런 나름의 완성을 바라보며 뿌듯한가 애써 그 위에 햇볕이 들지 않기만을 고대하는, 삶도 그처럼 남모르는 노고의 누적이다 아무렴 피가 뚝뚝 떨어지는 남자의 머리를 움켜쥐고 선 '다호메이 아마존' 여전사의 치열한 생존에 비할까

 그래, 가자 비로소 용맹한 아프리카 여전사인 나비처럼 오래 살아남아 이름을 떨칠 때까지

죽음이 무얼까요

 단테의 신곡은 인생의 중반기에 들어선 주인공이 속세에서 방황할 때 한 시인을 만나 그의 안내로 지옥과 연옥, 천국을 일주일 동안 순례하는 것이 줄거리다 인생의 중반기에서 올바른 길을 벗어난 내가 눈을 떴을 땐 캄캄한 숲속이었다 그 가열하고도 황량한, 준엄한 숲이 어떤 것이었는지 입에 담기조차 괴롭다, 몸서리쳐진다 그 괴로움은 죽음과도 같은 것이었다

 그도 평생 몸서리쳐지는 삶을 살았으리라 이 세상의 책이란 모두 지금의 이야기다 모든 내용들은 어쩌면 아픔이다 그러나 그 어떤 책도 죽음 뒤의 견딜 수 없는 무거움에 관해서는 너무도 고요하게 침묵을 지키고 있다 누구는 지구가 위험한 장소라고 했다 수많은 사람들이 죽어갔지만 가서는 돌아오지 않는다, 베일에 숨겨졌다 예측조차 할 수 없는 신의 속임수일까 죽음의 두려움에 더 이상 집착하지 못하게 하는 이유 역시도 삶에 있을 것이다 내일은 그런 오늘 때문에 있는 것

과거에도 현재도, 죽음 뒤에는 윤회가 있다고 말하는 이들이 있다 윤회 비슷한 편에 서는 게 맞을까 평소에는 잘 참고 조용한 성격이라고 주제넘게 자찬하다가도, 어느 순간 불같이 화를 내는 내 자신을 알아차리고는 할아버지가 내 안에 들어와 있는 것을 느낀다, 이것도 감히 윤회 비슷한 거 아닌가 남과 다른 성격, 이해되지 않는 괴벽, 취향들 몇 가지가 오랜 세월이 흐른 후 내 아이들의 또 다른 아이들에게 흘러 내려가 안착될 것이다 우리 집안에 왜 저런 아이가 있는지 모르겠다고 갸우뚱하는 그런 아이가 어느 집이건 꼭 있다 조상들의 복잡한 조합들이 돌고 돌면서 흘러 내려가니 자아가 결코 죽는 게 아니라는 생각이 들기도 하지만, 글쎄다

이 세상에 한 그루의 사과나무에서 단 한 알의 사과만이 열린다면, 우리들 세상이 얼마나 삭막할까 셀 수 없을 정도로 주렁주렁 열려라!

입술이 아직 마르지 않고

 단단한 두 발자국에 당신의 모습이 차오르고 무릎 아래로 그리고 머릿속까지 온몸을 당신에게 뺏긴, 하루는 어떨 것 같아 몸이 빠져나간 매미의 그것과도 같지

 혹독한 겨울이 가면 다정한 계절이 오듯, 나무에 꽃 피워 주는 아니면 악몽이라는 아픔도 나는 주워 담아야 하지

 봄이 급히 가듯 몸에 꽉 차던 당신도 서서히 가슴까지 내려가면, 한 숨 돌려 무성한 나무 아래 잠깐 쉴 수 있는, 나를 조금 들여다볼 수 있는 여유도 주어지지 희미한 손길을 느끼며, 불안한 사랑에 대해 긴 문장을 쓸 수도 있지

 아무리 절실한 사랑도 시간 앞에서 꼼짝할 수가 없다, 그걸 받아들이지 못하고 안절부절못하며, 당신에 대해 조목조목, 어색하게 표현할 수 있는 지금이 가장 젊었을 때다

우물에 빠지고서야 우물의 깊이를 알아채듯, 두려울 만큼의 시간을 허비하고서야 사랑의 민낯을 볼 수 있다는 말, 사랑은 날개를 펴며 날아가는 것만은 아니라는 말이지

나와 멀지만 가까운 나

 당신은 부자인가, 아니면 유능한 커리어 우먼인가 촉망받는 수재인가 그런 것은 자연계에서는 아무런 의미가 없다 다윈이 생각한 것은 당신 자녀일 것이다 당신은 편평족일지도 모르고 시력이 나쁠지도 모른다 당신에게 아이가 있고 그 아이가 잘 자라고 있다면, 당신은 이미 자연계에 적응한 존재이다 당신의 유전자는 다음 세대로 이어질 것이며 적자생존이라는 의미에서 당신은 승리자다 순전히 다윈의 말이다

 여기까지 오다니 높아진 존엄성을 생각하면 대단하지만 다시 생각해 보면 아직도 너덜거리긴 하다 한 여자가 생각났다 나의 시야에 가득 차게 들어왔다 애를 등에 업은 채, 시장에 들른 듯 한 손엔 검은 비닐봉지를 힘겹게 들고 가는 그 모습이 어디서 많이 본 듯하여 누구지, 누구지,

 삶의 전부는 아닌데 벗어나지 못했던 젊은 날의 흔히 겪는 진통일 수도 있다 가장 빛나는 젊은 날을 맞바꾼

것 같은 기분, 누군가 다정하게 삶의 이치나 지혜를 내게 들려준 사람이 있었든가 아니면 그런 사람 하나도 없었든가

 우리가 꿈꾸는 삶은 아니었다 의식이라는 것이 얼마나 빠르게 몰락하는가 이 도시는 예전처럼 잔잔하게 흘러가지 않는다 우리가 지녔던 더딘 시간은 유년의 시간뿐이다

 이런 세상이 사람들을 어떻게 괴물로 만들어 가는지 모르겠지만, 그럴수록 평화로운 아침을 맞이할 준비를 서둘러야 하리라 활엽수 나무처럼 변하지 않고 늘 그 자리를 지켜 주는 나와 멀지만 그가 당신이든, 누구든

V

끊임없이 따돌림받는 것

 눈을 뜨면 먼저 새들의 탱탱한 소리 듣는다 그리곤 쿵쿵, 걸어 부엌으로 혹은 어제의 어질러짐을 둘러보며 현관문을 꽈당 닫고선 뒤도 안 돌아보고 가기만 한다 시곗바늘에 걸터앉아 몸을 맡기면 12시에 둘러싸이고 다음은 밤 10시다 끊임없이 둘러싸여 둥근 원 속에 갇혀 있는 것 같다 돌아와 옷을 벗고 다시 옷을 입고 시곗바늘에 의지하며 헌옷을 버리고 새 옷을 입고 있는 두 다리를

 익숙해진 찻집에서 같은 자리에 앉으면 은연중에 안주하게 된다 의자에 앉아 손을 뻗치면 어제와 같은 위치, 같은 몸의 역할에 점차 마음도 편안해진다 하지만 세상이 그리 쉬운 게 아니므로 낯선 사람이라도 다가오면 소스라치게 마음속 아우성이 일어난다 편안한 일상이 뒤죽박죽될까 봐… 밥 먹는 시간과 잠자는 시간이 비틀어지면 일상 하나하나마다 내 몸의 양해를 구하고 마음과의 시차를 맞추기 위해, 몸과 마음을 달래며, 혹은 우격다짐으로 제 위치를 정돈시킨다

앞자리의 의자도 낯선 이를 은연중에 딱딱하게 거부하고 있는 것 같다 친구들도 웃고는 있지만 모르지, 자기 자신으로 돌아가기를 갈망하고 그 불편하며 메마른 자리를 박차고 나가고 싶은 기분을 참고 있는 것일 수도 있다

 형제에게 사랑하는 사람이 생겼을 때 어색하고 그 사람을 쫓아 버리고 싶은 마음이 들게 된다 아닌가? 그렇게 사랑은 누군가에게 끊임없이 학대를 받으면서도 피어나기를 갈망한다 사랑은 따돌림을 받으며 조금씩 자라고 그것이 너무나 확고할 때 주위의 의자들이 서서히 이쪽으로 돌아앉으려…

 사랑은 그처럼 티 나지 않게 감시를 당하면서, 질시를 받으면서도 침묵을 지킨다 어쩌면 그 미묘한 면도날 위의 흥분 탓에 스스로 흘러가는 건지도 모른다 사랑하는 이의 집 문 앞에서 밤늦게까지 서성인 사람들은 그 깊어가는 별들의 차가움을 잊지 못한다 앞자리도 옆자

리 의자도 호기심 반, 따돌림 반으로 그저 앞뒤로 돌아앉는다

 사랑은 철저하게 따돌림받는 것, 차갑고 냉정한 사자처럼, 나의 사랑은 이상하다

내 사랑, 돌아오라 소렌토로

 여름, 소렌토에서 바다를 내려다보며 불현듯 노래가, 음악 시간에 애절하게 눈을 빛내며 불렀다, "내게 준 그 귀한 언약 어이하여 잊을까 멀리 떠나간 그대를 나는 홀로 사모하여 잊지 못할 이곳에서 기다리고 있노라 이곳을 잊지 말고 돌아오라 소렌토로 돌아오라" 그때는 알았을까 아름다운 바다를 보며 나를 되돌아볼지, 나와 같은 몸으로 몇 번인가 다시 태어남을 기억할지, 노래 불렀던 그 시절이 먼저인지 소렌토의 올리브 나무 아래 걷고 있는 지금이 먼저인지

 폼페이 옛 도시를 걷다 보면 횡단보도 지나 피자집, 조금 더 가면 바(bar)도 나온다 비록 뼈대만 남았지만 의자에 손을 얹으니 독주를 마시며 다혈질의 로마인들이 웃고 떠들던 소리도 들려오는가, 다시 적막이다 그들 중 누구는 멀리 떠나간 이를 그리워했을 것, 소리 없이 아마도 그렇게 사라져 갔을 것…

 여행은 마약이다 시간이 지나면 약효가 다한다 사치

스런 궁전이나 물의 도시는 폼페이처럼 기억에서 흐릿해질 것이다 당신이 무언가 소중한 것을 잃었거나 절망에 빠져 있다면 혹은 자살을 막 실행하려 한다면, 잠시 멈추고 눈물을 훔치며 공항으로 가라 적어도 열 시간도 더 떨어진 나라를 찾아, 돈이 없다면 필사적인 빚이라도 얻어라

  당신이 열여섯 살에 돌아오라 소렌토로 바로 그 노래를 애잔하게 불렀음을 기억하든, 아니면 누군가가 당신을 돌아오라 애걸하고 있음을 사무치든… 여기 작은 나라에 살고 있지만 당신 삶이 주위 사람들을 안개처럼 포근하게 덮어 주고 있었음을 전혀 눈치채지 못했다 삶에 하품만 해댔다 이전에는 가식적인 사랑을 잃었다고 생각했지만 지금은 불확실한 사랑을 배웠다고 기꺼이 말할 수 있다 그러니 돌아오라

바이러스 입맞춤

 독감에 걸렸다 머리는 부스스하고 기력은 빠져나가, 십 년은 늙어 보이게 쇠잔해졌다 견디기가 힘들어 쓰러질 정도의 아픔이었다고, 어떤 모진 약을 털어 넣어야 될까

 지독한 감기보다 더 견딜 수 없는 건 그 뿌리가 된 사람 앞에서 내색조차 못하고 아주 사소한 말들을 늘어놓을 때이다 어떤 이는 자기 몸이 땅속으로 깊숙이 들어갈 것을 알면서도 입을 굳게 다문다 이 세상에서 풀 수 없다면, 흙 속으로 돌아가 어둡고 축축해질 뿐이다 벌레들이 사방으로 기어다니는, 시간이 흘러도 썩지 않아 나무에게도 풀들에게도 유익하지 않겠지 몇 겁이 지나도 굳어서 그 자리에 맴돌 것이다

 어렸을 적 어두운 밤, 아무도 살지 않는 산속에서 무언가 아주 작은 불씨가 저 혼자 감도는 것을 바라본 일이 있다 그 불씨는 어쩌면 사람 마음속에서 오랫동안 살았던, 그러나 이제는 주인이 떠나갈 곳이 영영 없어져서

하는 수없이 밖으로 뛰쳐나와 저렇게 혼자 떠돈다고 그 불씨를 위로한 적이 있었다

 가장 치명적인 바이러스가 당신도 모르는 사이에 찾아와, 은밀히 입을 맞추리라 어딘가 깊이 숨은 남모르는 마음을 찔러, 아마도 당신을 끝내 살해하리라

맨발이라는 이름의 사랑

 그와 무슨 힘으로 조바심쳐 가며 버티는가 머리가 파뿌리 될 때까지 파뿌리? 누가 그리 적절한 말을 만들어 냈을까 함께 살며 자기 고집, 자존심을 빙자한 온갖 까탈스러움을 어찌하고 찰나처럼 살아 내나

 헤어지자고 말한 것이 어디 한두 번인가 참고, 조금 더 참고 다음번엔 붉으락푸르락하며 한 번 더 참고 그보다는 청춘의 시절들, 그 사람 생각을 하면 밥 먹다가도 목이 메여 눈물을 흘리며 긴 편지를 읽던, 기다렸던 많은 세월, 그런 열정을 차마 내다 버릴 수 없었기 때문이다 아니 그보다는 그릇 몇 개, 옷 몇 벌의 가난한 시절을 함께 보낸 그 찰나를 잊지 못해서인가

 세상을 견뎌 냈던 것처럼 조금씩 참아 내며 여기까지 왔다 참는 것이 바보 같다고 생각한 적은 또 얼마나 많았든가 그것이 옳다고 생각해서 다른 길로 갔다면 참아 내지 못한 양만큼 홀로 허덕였을 것이다 조금만 고개를 숙이니 한 사람의 동조자가 있다 따뜻한 한 사람이 있다

내가 마음속으로 말을 하면 흐릿하나마 알아듣는다 불안한 길, 예측하지 못한 길의 한쪽에 그가 있으니 울퉁불퉁하지만 내려가기는 수월할 것이다 그러고 보면 맨발이라는 이름의 사랑도 있다

　집에 돌아오면 나는 양말부터 벗는다 다른 사람 앞에서는 맨발로 서지 않는다 사랑은 필요 이상의 겉치레가 아니었기에 어떤 일을 깨닫는 데 잠깐이면 될 때도 있지만, 어떤 일은 오랜 시간이 지나 머리가 파뿌리가 되어서야 겨우, 조금 알게 되는 것도 있다 하지만 내일 또 망가진 장난감을 서로 가지려고 싸우는 아이들처럼, 아무것도 아닌 일로 얼굴 붉히며 분을 참지 못해 소리를 지르면서 그와 한바탕 싸우고 있을 것이다 이를 어쩐담

재잘거림으로 가는 길에서

 갓 중학생 꼴은 말이 아니다 옷은 헐렁하고 가방도 무언가를 덜 집어넣은 듯 허전하다 어른도 아니고 아이도 아닌 재잘거림만 그득하다 배우는 과목도 낯설고, 체계적으로 알아 가는 과정이 막 시작된, 머릿속은 제각각인 생각들만 뒤죽박죽으로 가득하다

 타인은 낯설다 1년 동안 듣게 되는 선생님의 말투와 품성, 생김새는 1년이면 충분하다 그러면서 중구난방으로 떠오르는 사랑이라는 허울의 감정, 하지만 끼리끼리 속으로만 감춰 둔다 친구 사이라도 어떤 선생님을 어떻게 생각하고 있는지를 선뜻 내비치지 않는다 자신의 이상형을 홀로 투사할 뿐

 걸을 때 꼭 오른발을 먼저 내딛고, 내 앞을 지나치는 것들은 유심히 살피며 집으로 돌아가는 길, 그 길을 모두 익혀 기분에 따라 한적한 길, 다닥다닥 붙은 집들 사이의 골목길, 한참을 돌아가지만 조그만 다리가 있는 길, 그렇게 많은 길을 걷곤 했다 지금도 감당할 수 없는

일이 벌어지면, 그때처럼 오만 가지 길을 펼쳐 놓는다

　사람들 틈에 끼여 그와 술잔을 기울이고 있는데, 마음은 왜 혼자처럼 창밖에 있나 다음 말을 이어가야 하는데 왜 멈추고 싶어지나 당신을 사랑하는데 왜 다른 사랑이 마음 한 모퉁이를 어른거리나

　모든 것이 헐렁하다고 느낀, 무한한 봄볕, 나무들과도 동격으로 느껴지던, 꽃은 활짝 피어 있기만 하던, 그런 날들의 망상, 내 앞으로 늘 여러 갈래로 무한히 뻗어 있던 길들

　그에게 도달하는 길이 도무지 보이지 않는다 그때 배운 여러 갈래의 길을 하나씩 열거하지만, 여전히 만만치 않네 문득 재잘거림이 길을 열어 줄지도 몰라, 빈 옆자리로 다가가는 길 없는 길이 있을지도 몰라,

아직도 그 집 앞에는 사랑이

 가끔 그 집 앞에서 서성이고 싶어지네 길가에는 오래된 나무들 굳어 있네 그곳을 걸어가면 인기척에도 곧잘 몸을 숨길 수 있고 마치 산책을 하듯 걸어도 되기에, 나무와 나무 사이를 지나며 해지는 무렵, 여름 해 지친, 기척이라곤 찾을 수 없는 한낮을, 어두운 비가 귀신처럼 퍼붓는 장마철을 택해서 걷네

 남이 잘 때 깨어나 어슬렁거리네 두 다리가 남의 것마냥 무겁네 그것을 사랑의 부스러기쯤이라 믿으며, 부수지 않으려고 잊을 만하면 찾네 오래돼서 잊었는가 반문하며 사는 것이, 이렇게 살아 내는 건 휴지처럼 한 장 뜯어내면 또 이렇게 나오는 것인가 아까워, 산다는 것이 아까워져 소유하고 있는 것들 움켜 들고 그 길로 가네

 그렇게 천천히 걸으며 그 집 탓하네, 천천히 가려고 애쓰네 내 생도 반 박자라도 천천히 가주길, 이처럼 두터운 사랑을 한 번 더 연습하기를, 시간이 비켜서 가주길, 자주 그 집은 불이 꺼지네 모든 집들이 동시에 불을 끄

네 드물게 그 집의 창문에서 오렌지빛의 달콤하고 새콤한 물이 가득 고이기도 했네 방마다 알알이 박혀 있는 사람들 그림자, 흡입하네 커튼처럼 한 번 더 펄럭여 주고는 닫히네, 기쁠 때는 깜짝할 사이 사라지는 속성

사랑이 흔했을 때 사랑을 말하지 못하고, 만지지도 못했네 황폐해졌을 때 비로소 사랑을 말하려 하네 한 번도 어른이 된 적이 없었던 것처럼 어른이 되리라 믿은 적 없었네 즉흥적으로 아이처럼 들떠, 누군가를 졸라 아이스크림을 사 들고 집으로 달려가는, 아무것도 모른 채 누군가를 의지하며 여기까지,

여기를 벗어나 힘든 사랑을, 믿어야 할 모든 것들이 늦게 와줘서, 더 자주 그 집 앞으로 가려 하네 이 부질없음을 그 집 창문에 어른거리는 그림자를 보며 깨달았네 걸핏하면 내 발걸음에 걸리는 창문의 휘청거림을

오래 정전되었던 모든 집들 불이 켜져, 동시에 세상도

불을 밝혀, 작은 마을을 가두었던 집들 동시에 불이 들어오듯, 사랑은 그렇게 압도하고 또 압도하네

올렌카식 사랑법

 중학교 때 소설 『귀여운 여인』을 밤에 읽었다 왜 밤에 읽었다고 기억되는지 모르지만 주인공 올렌카는 누군가를 사랑했고, 사랑하지 않고는 살 수 없는 여인이다 남편이 무슨 사고로 죽자, 그 여자는 슬픔을 잊고 곧 다른 남자를 만나 사랑을 한다 그 여자는 날마다 행복했다 그러나 무슨 이유인지 그 남편도 떠났다 여자는 새로운 남자와 다시 사랑에 빠져간다 그렇게 불행한 삶을 살면서도 여자는 기쁜 마음으로 다시 사랑을 믿으며 살아간다는 줄거리였는데, 한심한 여자라고 책을 던졌던 기억이 있다

 그리고 스물 몇 살 때 다시 읽었는데, 그때도 무심히 여겼다 그런데 요 근래 다시 그 소설을 떠올리는 이유는 아는 여자가 그와 같은 방식의 사랑을 하고 있기 때문이다 세상의 거의 모든 여자가 그럴까 그녀는 남자와 사랑에 빠지면 이 세상에 그만이 있다는 사실만 인식한다 그를 즐겁게 해주는 게 더없이 만족스러워, 처음 보는 사람이든 누구에게든 그의 다정함, 그의 인간됨을 들려주

며 숨기는 것 없이 들떠, 앞에 앉은 사람 모두를 웃게 만든다

그 여자의 온몸에서, 심지어 걸치고 있는 옷 밖으로도 그런 빛이 넘쳐났다 그렇게 거리낌 없는 여자지만, 지난번 그 여자가 사랑했던 과정을 나는 알고 있다 그때도 그녀는 너무 즐거워하고 행복해 보였다 그 남자 이야기를 하면서 그녀는 감추지 못해 몸 여기저기로 비집고 나오는 사랑이라는 증명서를 스스럼없이 보여 주었다 예전에도 그렇게 누군가를 열렬히 사랑했던 풍문처럼

도덕이라는 잣대로 읽었던 고등학교 시절, 그 몰이해를, 그 타당성 없음을, 맹목적이라 했던 그 사랑법을, 그리고 더 커서는 그 소설이 나를 그냥 비켜갔다 작가는 그 여자를 어디서 보았을까 그토록 멋지게 글을 남겨 후세의 다른 여자들에게 무엇을 알리려 했을까 그의 주위를 맴돌던 한 부류였을까 몇 세기에 걸쳐 그렇게 곱씹음을 당하다, 어느 날 나도 그와 유사한 여자를 발견하게

되어 비로소 한 작가를 완전히 이해하게 된 걸까 흐뭇하다고 생각하니 정말 흐뭇해진다

 오늘도 여자는 새처럼 가볍게, 새 같은 포근함으로 재잘거릴 것이다 지난 사랑과 끝이 났을 때 절망을 했는지, 술을 마시고 비틀거렸는지, 그리고 아무도 없는 방에서 펑펑 울었는지는 모르겠다 여자는 한 번도, 결코, 그런 내색을 보이지 않았다 전, 전의 사랑도 그랬으리라 그렇게 책 속으로 들어간 여자들, 책 밖으로 튀어나온 여자들도 있다 지금도 나처럼 지독하게 추운 여자도 있긴 하다

내가 사랑한 부자

 옛 선비들은 청부(淸富)의 뜻을 높이 샀다 땀 흘려 일하고 풍요로운 삶을 가꾸는 것은 모두의 의무이기도 하다 사람들의 가치관을 이분법으로 몰아갈 위험이 크다 부자와 그렇지 않은 사람들의 관계는 밀밭과 바람에 출렁이는 밀밭을 바라보는 차이다

 자연은 엄격하다 부의 피라미드도 그런 것 같다 오늘밤 내가 세상모르게 깊이 잠들었을 때, 잠 못 들고 깨어 있는 사람들도 있다 달콤한 노래 들으며 한가로이 차를 마실 때 어떤 이는 절박함에 입이 바싹바싹 타고 있을지도 모른다 몇 줄의 詩를 밤새워 쓰다 휘청거리는 걸음으로 밖에 나가면 차가운 공기가 미친 듯 덤비는 때가 있다 끊임없이 이루려 하는 詩 쓰기도 어찌 보면 피라미드 법칙이 아닌가 가장 찬란하게 빛을 내려는 그 정상을 찾아 나서는 그것과 다름없지 않을까 그러하겠지,

 그렇지, 인간 세계의 피라미드가 불현듯 떠오른다 제 몸 돌보지 않고 가족마저 희생시키며 밤낮없이 땀 흘리

며 온몸으로 신화를 만드는 몇 안 되는 그 부자들에게
나, 가장 밑바닥 초식성 동물로써 한번쯤 생각하고 있다
는 걸

사랑하는 아버지, 그 쓸쓸함

 할아버지는 종로구 낙원동에서 사셨다 곧잘 할아버지와 파고다공원으로 산책을 갔다 어린 내겐 구경거리가 많아 곧 할아버지를 놓치고 이곳저곳을 기웃거렸다 팔각정에는 뽀얗게 분칠한 여자들이 창을 구성지게 불렀다 한 남자가 진짜 가수처럼 〈청포도사랑〉을 불렀는데, 너무 잘 불러 사람들이 박수를 치며 더 부르라고 부추겼다

 조용함에서 내려오지 않던 아버지, 그런 아버지가 갑자기 친구 비슷해졌다 마치 당신의 딸이 늙기를 기다려 왔다는 듯, 보신탕집으로 데려가 소주와 먹어야 된다며 잔이 넘치게 술을 따랐다 서로 취해서 아버지의 말에 맞장구를 치며 무엇이 우스운지 키들거렸지 이렇게 가까운 사이가, 이렇게 신뢰할 수 있는 관계가 진즉이 있기는 했을까 아버지의 존재로 세상의 옳고 그름을 알았는데, 아버지가 안 계셨다면 세상을 마구잡이로 대했을 텐데

 시대가 조금씩 바뀌어 아버지들은 훨씬 더 가까워졌고 옛날의 그 아버지들이 아니다 일찍 친구가 된 걸까

세상이 너무 빨리 저물었나 아이는 오케이목장의 악당이 되어 앙증맞은 입으로 총소리를 내며 제 아버지와 총을 겨누며 짐짓 결투를 벌이고 있다

 쓸쓸히 돌아간 내 아버지는 지금 무엇을 하실까 겨울바람 소리 들으며 세상에 없는 아버지를 찾고 있나 빈털터리가 되었지만, 그래도 살아서 때때로 선의의 악당이 되어 주는 세상의 모든 아버지들처럼, 그렇게 기쁘거나 외롭거나 했을 아버지

해설

사랑의
음률

우찬제 (문학평론가)

사랑의 시차

 당신은 이런 시구를 그냥 지나치지 못한다. "지나간 사랑은 그래서 모두가 허상이었다고 가끔은 쉽게 말하지만 나, 한 번도 그 말의 심장을 갈라 보지는 못했다"(「지나간 사랑은 모두가 허상이었다」). 지나간 사랑은 모두가 허상이었다는 말 때문이 아니다. "그 말의 심장을 갈라 보지는 못했다"니! 심장을 갈라 보지 못했다는 진술이, 그 말의 심장을 꼭 갈라 보고 싶다는 시적 욕망의 간절함을 함축하고 있는 것처럼 보이는 까닭이다. 사랑의 말들, 그 풍경과 내면의 심장부를 향한 시적 의지가 참으로 도저하다는 느낌 때문이다. 그러니 이번 시집 읽기는 어쩌면 사랑의 말들의 심장을 관찰하거나 투시하는 심장 복화술사와 동행하는 낯선 여정이 될지도 모르겠다.

  멈춘 자리에서 당신은 먼저 사랑의 시차를 확인한다. 사랑이 지나가는 이유, 지나간 사랑이 허상처럼 느껴지는 까닭이 시차와도 연계되는 게 아닐까. 사랑은 늘 나보다 한발 나중에 오고, "이별은 늘 나보다 한발 앞서 온다"(「이별의 몸가짐」). 시차는 무엇보다 예감과 도래 사이의 거리에서 비롯된다. 언제 어디서라도 사랑의 예감은 속수무책이다. "아직 오지 않은 미래의 깃에 붙어 어떤 징후가 되려 하는 예감을 감지할 때가 있다". 그리고 "아직 이루어지지 않았지만 만나리란 예감"이 제멋대로 "부풀어 가는"(「천천히 가라, 천천히 가라」) 경우가 많다. 그야말로 제멋대로, 때때로 터무니없이 말이다. 그렇지만 그 예감은 사뭇 절실하다. 하여 "무엇에도 충족하지 못한 흰 것에는 항상 검은 눈물이 숨어 있음을, 다정 뒤에는 냉랭함이 숨겨져 있음을" 알지 못하고, "사랑이면 그뿐이라는 이름은 세상 어디에도 없다"라는 생각과 가장 먼 자리에서 "사랑이면 그뿐이라는 이름"(「더딘 밤의 노래」)을 무턱대고 호명하고 싶어진다. 그런 예감은 때때로 "병든 사랑"으로 치닫고 "나를 범해 재앙으로까지" 이어지기도 한다. "너무나 모진 부정"의 상처를 남기고 "지나간 사랑"으로 달려가기도 한다. 그런데도 다시 사랑의 예감에 빠질 수밖에 없다면? "사랑이라고 이름붙인 것들은, 사랑의 끝은 돌아서 서로의 집으로 가, 각자의 이불을 덮고 몇 컵의 물을 벌컥거리며 그 물이 진액이 될 때까지 눈물을 다 토해내고 내장에 붙어 있는 감정마저 뱉어 내고도 모자랄, 그걸 알면서도 다시 사랑이 이루어질 것 같은 예감으로 몸을 떤다"(「천천히 가라, 천천히 가라」).

"다시 사랑이 이루어질 것 같은 예감으로 몸을 떤다"라고 했다. 그렇게 몸을 떨게 하지만 예감은 신비롭게 도약하거나 허망하게 추락한다. 예감이 긍정의 방향에서 극적으로 실현될 때 당신은 신비로운 도약의 풍경을 즐길 수 있겠지만, 반대로 부정의 방향에서 어긋나면 허망한 추락의 정경을 감내할 수밖에 없게 된다. 그런데 예감의 도약이 긍정의 방향에서 신비롭기만 한 것은 당연히 아니다. 때로는 허망한 도약의 풍경이 연출될 수도 있다. 가령 "소중하게 다뤄야 할 어린 시절이 빨리 건너뛰었음을" 간파할 때, 당신은 예감의 허망한 도약에 몸서리친다. 시인 안정옥에게 유년기는 보물창고 같은 상상력의 원천이자 시적 근원에 값한다. 그러기에 어린 시절의 부분적 혹은 파격적 실종은 가장 비극적이고 허망한 사태에 속할 터이다. 그러나 그 허망의 안개가 거두어지면 "사실은 한 번도 어른이 된 적이 없었다는 걸"(「천천히 가라, 천천히 가라」) 인지하면서 진저리치기도 한다. 또 "시간은 하루하루 내게 시달림을 주며, 그 속성을 따라 바보가 되고 시간의 하역자가 될 뿐"(「푸른 갈대 무늬의 옷」)이라고 여겨질 때 시차는 당신 그리고 나를 너무나 힘들게 한다.

예감에 비해 도래는 늘 뒤처지기 일쑤다. "믿어야 할 모든 것들이 늦게"(「아직도 그 집 앞에는 사랑이」) 너무나도 늦게 오는 경우가 많기 때문이다. "다른 이보다도 내 마음은 늘 뒤처지기는 해요. 감정들을 쉽게 해결하지도, 그를 읽어 내는 것도 나를 읽히는 것도 더디 가기는 해요"(「다릅나무 아래에서」). 예감에 사로잡혔을 무렵 도래의 지연은 아무것도 아니다. 보이지 않고 감각되지 않고 그러기에 인식 대상일 리 만무하다. 그러나 "시간의 하역자" 처지가 환기될 때 문득 도래하지 않는 예감의 풍경으로 인해 절망한다. 이런 시차들을 기억하고 성찰하면서 당신은 새삼 질문한다. "기억한다 사랑은 살아 있는 동안 비켜 가지 못할 문제 풀이, 한때 세상은 균형을 잃은, 너무 많은 몽상을 하여 주체할 수 없이 무거워졌다 그땐 몰랐지만 남모르게 떠올랐던 많은 질문, 많은 혼동들". 존재는 견딜 수 없을 정도로 무거운데, 사랑의 정념은 더욱 묵중한데, 사랑이 쏜살같은 시간처럼 지나가려 하면, 당신은 더 주체하기 어려워진다. 사랑의 도래 이전에 주체의 위기가 도래한다. 당신의 간청은 사뭇 절박하다. "시간을 다오"(「천천히 가라, 천천히 가라」).

하지만 어쩌랴. 시간은 너무나 자주 내 편이 아닌 것을. 예감과는 다른 방향으로 치달으며 도래를 한없이 밀어내는 것을. 상황이 그러하기에 '더딘 밤'의 메타포가 범상치 않게 다가온다. "절실하게 누구를 기다리는지, 무엇이라고 말하기도 전에 부서질 그를 위해 내가 더디 늙었고, 더딘 밤으로 비로소 완성되는 보석처럼 왔음을 알고는 있을는지"(「더딘 밤의 노래」). 여기서 그와 나의 관계가 참으로 미묘하다. "무엇이라고 말하기도 전에 부서질 그"는 누구인가. 혹은 무엇인가. 그는 자신에게 향한 나의 욕망의 기호를 수신하기 전에 바스러질 존재다. 그러므로 나에게는 가닿을 수 없는 대상이다. 한없이 미끄러지다가 마침내 부서지기 때문이다. 혹 대상 a를 닮은 것일까. 욕망의 원인이자 한없이 미끄러지는 대상이기에 나의 결핍과 불안, 욕망은 복합적으로 들끓는다. 그런 복합성을 간파하고 "부서질 그를 위해 내가 더디 늙었"다고 되뇌는 나의 존재론이 놀랍다. 이 더딤의 생(生) 철학은 대상 a와 주체의 위기 상황에서 서정적 초월을 꿈꾸게 한다. 대상 a는 거듭 도래를 지연한 채 미끄러진다. 혹은 다른 속성, 다른 존재로 전이될 수도 있다. 그럴 때 주체의 예감은 배반과 절망, 결핍을 경험한다. 결핍이 대상 a를 더욱 욕망하게 하지만 그럴수록 대상 a

는 빈 구멍 자리를 키운다. 그런 상황에서 주체는 더디 상처받고, 더디 결핍을 느끼고, 더디 욕망하는 것으로 대상 a의 구멍을 덜 키우고 자기 안의 구멍 또한 줄이려 한다. 대상 a에 예감처럼 다가가기보다 대상 a의 느낌에 음표를 붙이고 그와의 상상된 경험에 리듬을 부여하려 한다. 그러니까 그와 나의 사랑은 실재계의 사막에서는 이루어지기 전에 부서질 수밖에 없다. 대신 '그'는 상징적으로 "시의 한 음률"이 되어 서정적 초월을 예비케 한다. 바로 시인이 탄생하는 순간이다. 시인 안정옥에게 시는 곧 사랑의 음률이다. "그들은 미처 느끼지 못하겠지만 자신이 탄식하는 한마디가 다 시라는 걸 나는 안다 슬픔에 젖어 당신도 모르는 사이에 입술 사이로 새어 나오는 한마디가, 사랑하는 이들을 수시로 보내는 일 역시도 시라는 걸, 당신도 시의 한 음률인 것을"(「시인들, 시인들」, 4연).

사랑의 근육

그러나 "시의 한 음률"인 혹은 음률일 당신의 자리는 비어 있거나 비어 있을 확률이 높다. 안정옥의 첫 시집 『붉은 구두를 신고 어디로 갈까요』에 수록된 시 중에 「그것을 종이꽃이라고 부르고 싶었다」라는 시를 잠시 회고하기로 하자. '멍청한 사람'과 나눈 '멍청한 사랑'의 이야기다. 혹은 사랑의 한계 서사다. "그 남자에게 만나도 된다고 나는 말했다/ 멍청한 사람 나는 혼자 앉아 있었다/ 다음날 나는 그 남자에게 말했다/ 멍청한 사람 그도 혼자 앉아 있었다고 말했다/ 그것이 우리의 한계였다/ 잠시 피었던 꽃/ 나는 종이꽃이라고 부르고 싶었다"(안정옥, 『붉은 구두를 신고 어디로 갈까요』, 문학동네, 2022(복간본), 50쪽). 그를 향한 나의 메시지 송신에도 불구하고, 둘 다 혼자 앉아 있었다고 했다. 사랑의 한계를 절감하는 이 시에서 그 남자도 나도 모두 '멍청한 사람'이다. 바스러지기 쉬운 종이꽃으로 비유되는 이 한계 사랑의 온도를 측정하는 것은 거의 불가능하다.

종이꽃 같은 사랑은 결국 '혼자의 사랑'이어야만 한 것일까. 사랑의 대상이 빈(∅) '대상 a'와 나누는 사랑 말이다. 가령 "혼자 사랑이 개입되면 혼자 걷고, 혼자 생각하고, 혼자 쓸쓸히 밥을 먹으며 누구에게도 내색 못 하는 혼자만의 궁핍한 사랑", 그 "누구도 만나지 않고 모든 관계를 끊고 있지만, 정작 자신은 눈치채지 못"한 채 그런 사랑에 젖어 있을 때가 있다. "악성 종양은 점점 뻗어 나가고, 체열은 오"르고, "날마다 몸이 타들어 가고, 언젠가는 종이 한 장처럼 얇아져서 부서"지게 될 때가 있는 것이다. "저 혼자 제 몸을 태워야 하는 어릿광대 같은 혼자 하는 사랑", 그렇게 "저 홀로 깊어가는 사랑으로 자신을 채우"며 "넉넉해진 눈으로 사랑에 근육"(「혼자의 사랑」)을 키우는 '혼자의 사랑'에는, 대상 a를 향한 열정과 냉정이 복합적으로 얽히고설켜 있다. 이런 혼자의 사랑이 단속적으로 계기될 때 사랑의 근육은 단련된다. 그렇게 단련된 사랑의 근육은 열정과 냉정 사이에서 매우 탄력적으로 대응할 수 있게 하는 어떤 원천이 된다. 사랑의 근육은, 시인의 성찰에 따르면, "저 혼자 제 몸을 태"우며 "저 홀로 깊어"져 "넉넉해진 눈으로" 키우고 단련시킬 수 있다.

칠레 가수 비올레타 파라(Violeta Parra, 1917~1967)의 「생에 감사해(Gracias a la vida)」를 인유한 「기타는 총, 노래는 총알」에서 "넉넉해진 눈"은 이런 공감각의 형상으로 빚어진다. "군중 속에서 내 사랑하는 사람을 온전히 알아보는 눈을 가져서, 사랑하는 이의 부드러운 목소리를 밤낮으로 들을 수 있는 귀를 주어서, 사랑하는 영혼의 길을 비추는 빛 같은 말들을, 당신의 집, 당신의 길, 당신의 정원을 지친 다리로도 걸을 수 있는 힘을 주어서, 당신의 눈의 깊이를 볼 때 내 고정된 틀을 흔드는 심장을 주어서" "생에 감사"하다는 것이다. 넉넉해진 눈은 빛에만 반응하지 않는다. 오히려 그림자 혹은 그늘에서 그 눈은 더욱 깊어지는 것 같다. "기쁨을 찾아낸" 사랑보다는 "사랑의 슬픔"에 더 감응한다. "사랑에 대한 응답으로, 이루는 것만이 사랑의 실체는 아니"라며, "결핍 또한 사랑의 다른 손, 돌아오지 않아도 다른 이의 것이 되었어도, 내가 가진 것은 사랑이라는"(「기타는 총, 노래는 총알」) 인식은 빛이 아닌 그림자의 심연에서 길어 올린 결실이다. 이런 사랑의 근육이 "아무 일도 일어날 것 같지 않은 지루한 삶"을 견디게 하는 원동력이다. 혼자의 사랑일 때 그의 "차는 이미 식었고 내겐 아무 일도 일어나지 않는다". 혹은 "아무 일도 일어날 것 같지" 않은 "텅 빈" 세상, "모두가 가련하게 텅 비어"(「그의 책 속에 아직 남아 있는 사랑」) 있으니, 그 무엇으로든 가득 채우기 어렵다.

세상이 텅 빈 것은 무엇보다 '그'가 입을 다문 채 모든 것을 숨기고 있기 때문이다. 「천 가지 말을 숨길 수 있는 입속이여」의 이 대목은 참으로 놀라운 성찰이다. "그가 천 가지 말을 숨기고 있는 입속을 이리도 맹목적이고 저돌적으로, 알 수 없는 그곳, 내가 찾아내려는 것이 당신의 입속에 모두 다 숨어 있다". 그의 입이 천의 말을 숨기고 있기에 세상의 형상과 진실은 모조리 비어 있을 수밖에 없다. 텅 빈 세상의 비의를 밝히기 위해서라도 시인은 그의 입을 열어 천의 말을 끄집어내려고 집중한다. "언제쯤 달콤하고 새콤함이 강조된, 튤립 꽃보다도 더 단아한 한 문장을 받아낼 수 있을까"(「천 가지 말을 숨길 수 있는 입속이여」). 그의 닫힌 입술을 열어 천의 말 중에서 우선 하나의 문장이라도 받아내 텅 빈 세상의 공허를 채워 나가는 것, 그것이 "시의 본분"이기도 하다는 생각을 시인은 견지한다. 그 한 문장은 '그'도 "모르는 사이에 입술 사이로 새어 나오는 한마디"(「시인들, 시인들」)의 "음률"과 통하는 것이기도 하다. 그렇게 탄생된 시는 나의 상처를 스스로 위로하고, 그의 닫힌 마음을 치유하며, 세상의 차디찬 공허에 일말의 온기를 보태는 일이 될 것이다. 이처럼 서정의 의지와 사랑의 근육이 포개어질 때 "불확실한 사랑을"(「내 사랑, 돌아오라 소렌토로」) 익히고, 온갖 사랑의 앤타고니스트를 견디며, "이상"한 사랑의 자장을 형성하게 된다.

> 사랑은 그처럼 티 나지 않게 감시를 당하면서, 질시를 받으면서도 침묵을 지킨다 어쩌면 그 미묘한 면도날 위의 흥분 탓에 스스로 흘러가는 건지도 모른다 사랑하는 이의 집 문 앞에서 밤늦게까지 서성인 사람들은 그 깊어가는 별들의 차가움을 잊지 못한다 앞자리도 옆자리 의자도 호기심 반, 따돌림 반으로 그저 앞뒤로 돌아앉는다

> 사랑은 철저하게 따돌림 받는 것, 차갑고 냉정한 사자

처럼, 나의 사랑은 이상하다
— 「끊임없이 따돌림 받는 것」 5, 6연

 별들의 차가움을 온몸으로 감각하는 "차갑고 냉정한 사자처럼" 다져진 사랑의 근육이 전경화된다. 이제 '혼자의 사랑'은 사자의 사랑이 된다. 완강하게 닫혀 침묵하는 그의 입 속을 응시하며, '사랑하는' 대신 '사랑을 말하려' 한다. 아니 사랑의 말의 심장부에 다가서려 한다. "사랑이 흔했을 때 사랑을 말하지 못하고, 만지지도 못했네 황폐해졌을 때 비로소 사랑을 말하려 하네"(「아직도 그 집 앞에는 사랑이」).

사랑, 그 길 없는 길

 여기서 당신은 다시 생각해 본다. 시인이 "세상에서 풀 길 없는 사랑이라는 저 엉킴, 엉킴, 엉킴"(「엉킴, 엉킴, 엉킴」)이라고 했거니와, 여러 겹으로 엉켜 풀기 어려운 사랑은 과연 실제로 하는 수행(遂行)의 대상일까, 아니면 그저 말로 하는 화행(話行)의 대상일까. 사랑의 실타래가 엉켜 있다는 것은 사랑으로 가는 길이 너무나도 무한하게 펼쳐져 있기 때문이기도 할 터이다. "사람들 틈에 끼여 그와 술잔을 기울이고 있는데, 마음은 왜 혼자처럼 창밖에 있나 다음 말을 이어가야 하는데 왜 멈추고 싶어지나 당신을 사랑하는데 왜 다른 사랑이 마음 한 모퉁이를 어른거리나"(「재잘거림으로 가는 길에서」) 같은 대목에서 확인할 수 있듯이 사랑하는 마음의 복수성은 종종 "내 앞으로 늘 여러 갈래로 무한히 뻗어 있던 길들"로 표상된다. 길이 많기에 오히려 길이 없다. 고약한 역설이 아닐 수 없지만, 사정은 정녕 그러하다. 그의 옆자리는 비어 있지만, 그리로 가는 길 또한 없다. "그에게 도달하는 길이 도무지 보이지 않는다 그때 배운 여러 갈래의 길을 하나씩 열거하지만, 여전히 만만치 않네 문득 재잘거림이 길을 열어 줄지도 몰라, 빈 옆자리로 다가가는 길 없는 길이 있을지도 몰라"(「재잘거림으로 가는 길에서」). 사랑으로 가는 길, 그 길 없는 길에서 안정옥은 "재잘거림"에 귀 기울인다. 거기서 "사랑이라는 증명서"(「올렌카식 사랑법」)를 위한 언표화의 가능성을 발견하고자 한다. 이를 위해 먼저 사랑을 잃고 사랑을 말했던, 혹은 사랑의 말을 통해, 그 재잘거림으로 사랑으로 가는 길을 열어 나가려는 시도와는 다른 길을 잠시 응시해 본다. 그러니까 운명처럼, 마치 기념비와도 같이 사랑으로 사랑의 말을 서로 "젖어 있는" 상태에서 "격정"(「그는 나의 수심(愁心), 짐짓 수심(水心)」)적으로 수행하면서 화행했던 조르쥬 상드나 알프레드 뮈세의 사례를 회상하며, 어떻게 길 없는 길을 갈 수 있을까, '수심(愁心)'처럼 '짐짓 수심(水心)'에 젖는다.

뮈세(Alfred de Musset, 1810~1857)의 「회상」을 인유한 동명의 시에서 안정옥은 조르쥬 상드나 뮈세처럼 사랑하는 것과 사랑을 말하는 것에 시차가 거의 없는 등차성 사랑-말의 꿈에 대한 정념을 내비친다. 마치 운명의 손이 희롱하는 것처럼 사랑의 기념비를 쌓았던 선례를 환기하며 이런 꿈의 가능성을 말하는 것이다. "쇼팽의 병이 악화된 상태에서 만났지만 주옥같은 곡은 그때 나왔고, 상드 역시 그때 대표작들을 발표했다 어쨌든 상드는 공공연히 자신의 연인을 공개했다 겉모습과 달리 여성적인 성격의, 모성애가 깃든 불꽃같은 그가 뮈세에게 준 예술적인 영감과 쇼팽에게는 거침없는 사랑을, 예술가로서 상대가 남자건 여자건 조르쥬 상드 같은 이를 만나 영감을 받을 수만 있다면, 불멸의 작품 한 편만 남길 수 있다면, 내겐 꿈일까"(「회상」). 시인이 욕망하는 "불멸의 작품 한 편"을 위해서는 사랑이라는 길 없는 길 위에서 수행과 화행의 길항을 견뎌야 한다. 동시성의 행운과 비동시성의 불운 사이의 모든 스펙트럼의 빛과 그림자에 대응할 수 있는 "재잘거림"이 필요할 수도 있다. 그래서 시인은 모든 사랑을 끌어들이고 해체한다. "사랑을 비정상적으로 한다 비(非)감동, 비(非)낭만, 모든 비(非)를 포함한 사랑이다 말하자면 변태다 끊임없는 변태, 끌어들이고 해체한다 가능한 사랑이라는 실체와 그 가상까지 다다른다"(「물의 가족」). 조르쥬 상드나 뮈세와는 다르게 "비정상적으로" 이상한 사랑을 하는, 혹은 혼자의 사랑을 하는 이들은 '그'가 곁에 있어도 외롭다. "외로운 사람들은 너무 많은 운문을 쓰고 또 써서 남김이 없"(「1001번째의 코끼리」)을 정도인데, 시인 기형도도 그랬듯이, 사랑을 잃고 쓰는 외로운 이들은 시의 화행을 통해 위안의 온기를 마련하기도 한다. "어느 순간, 속 깊이 쓴 운문이 내게 그렇게 위안이 될 줄은 몰랐어요". 이 때문에 시인은 시 쓰기를 계속한다. 사랑의 말의 심장부에 접근하기 위해서라도 운문의 깊이로 거듭 내려간다. 그 말의 심장을 갈라 보고자 하는 욕망과 의지는 어쩌면 시인의 "인생 전체"로 확산된다.

> 한 편의 시가 완성되기까지 얼마나 고약한 과정이 필요한가 골방으로 기어들어가, 산처럼 아득한 종이 위에 품고 있던 생각들이 잘려나가지 않기를 간절히 바라며 시의 줄기들을 조심조심, 내 손에 매달려 오는 수백 가지 생각들이 서로 뒤엉키지 않게 온통 그 생각뿐으로 다가

오는 생각들을 불렀다가 보냈다가 보냈다가 다시 부른다 다행히 여우 같은 생각들의 함정에 넘어가지 않고 막 끝낸 한 편의 詩 위에 펜과 너덜해진 생각들을 고요히 내려놓는다 골방을 기어 나와 햇볕 아래 서 있으면 얼핏, 지금이 가을인가 그렇게 소리 없이 며칠이, 1년이, 서른 몇 해가 저 멀리 달아났다 별 탈이 없는 한, 이것이 내 인생 전체가 될 테지

— 「시인들, 시인들」 2연

그러니까 안정옥에게 '사랑하기'-'시 쓰기'-'살아가기'는 셋이면서 하나다. 다른 것이면서 같은 것이다. 불화이면서 화해다. 이어질 듯 끊어지는 애증이다. 호숫가의 물결처럼 한없이 일렁이며 뒤섞였다가 멀어지곤 한다. 물결은 빗살무늬로 자연의 음률을 빚어낸다. 그런 음률에 감응하기 위해 시인은 남이 "세상모르게 잠들었을 때"도 잠을 이루지 못한 채 깨어 있다. 남들이 "달콤한 노래 들으며 한가로이 차를 마실 때"도 "절박함에 입이 바싹바싹 타고 있"다. "몇 줄의 詩를 밤새워 쓰"기 위해서, 혹은 "온몸으로 신화를 만"(「내가 사랑한 부자」)들기 위해서…… 그렇게 사랑을 말하는 심장에 육박해 들어간다. 사랑의 음률은 그리로 항해하는 서정의 돛대다. 온몸의 전율이고 신화의 음표이다. 사랑의 음

률은, 다시 사랑의 예감을 예비한다. 사랑의 가능성은 어디까지나 사랑을 말하는 가능성이다. 사랑의 음률은, 그러니까 시인 안정옥에게, 늘 현재 진행형이다.

청색지시선 6

부서질 그를 위해 내가 더디 늙었고
안정옥 시집

초판 1쇄 발행 2023년 9월 22일

지은이	안정옥
펴낸곳	청색종이
펴낸이	김태형
인쇄	범선문화인쇄
등록	2015년 4월 23일 제374-2015-000043호
주소	서울시 영등포구 문래동2가 14-15
전화	010-4327-3810
팩스	02-6280-5813
이메일	bluepaperk@gmail.com
홈페이지	bluepaperk.com

ⓒ 안정옥, 2023

ISBN 979-11-89176-95-2 03810

이 도서는 저작권법에 따라 보호받는 저작물이므로 저작권자와 출판사의 허락 없이 복제하거나 다른 용도로 사용할 수 없습니다

후원

값 12,000원